I0837320

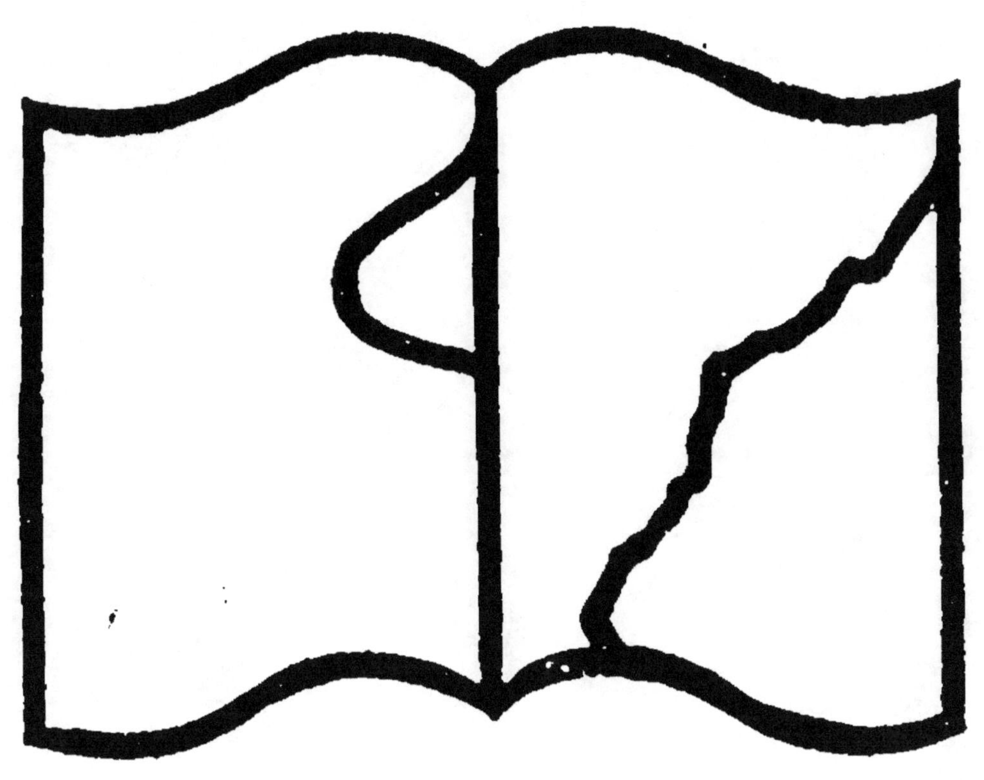

Texte détérioré — reliure défectueuse

NF Z 43-120-11

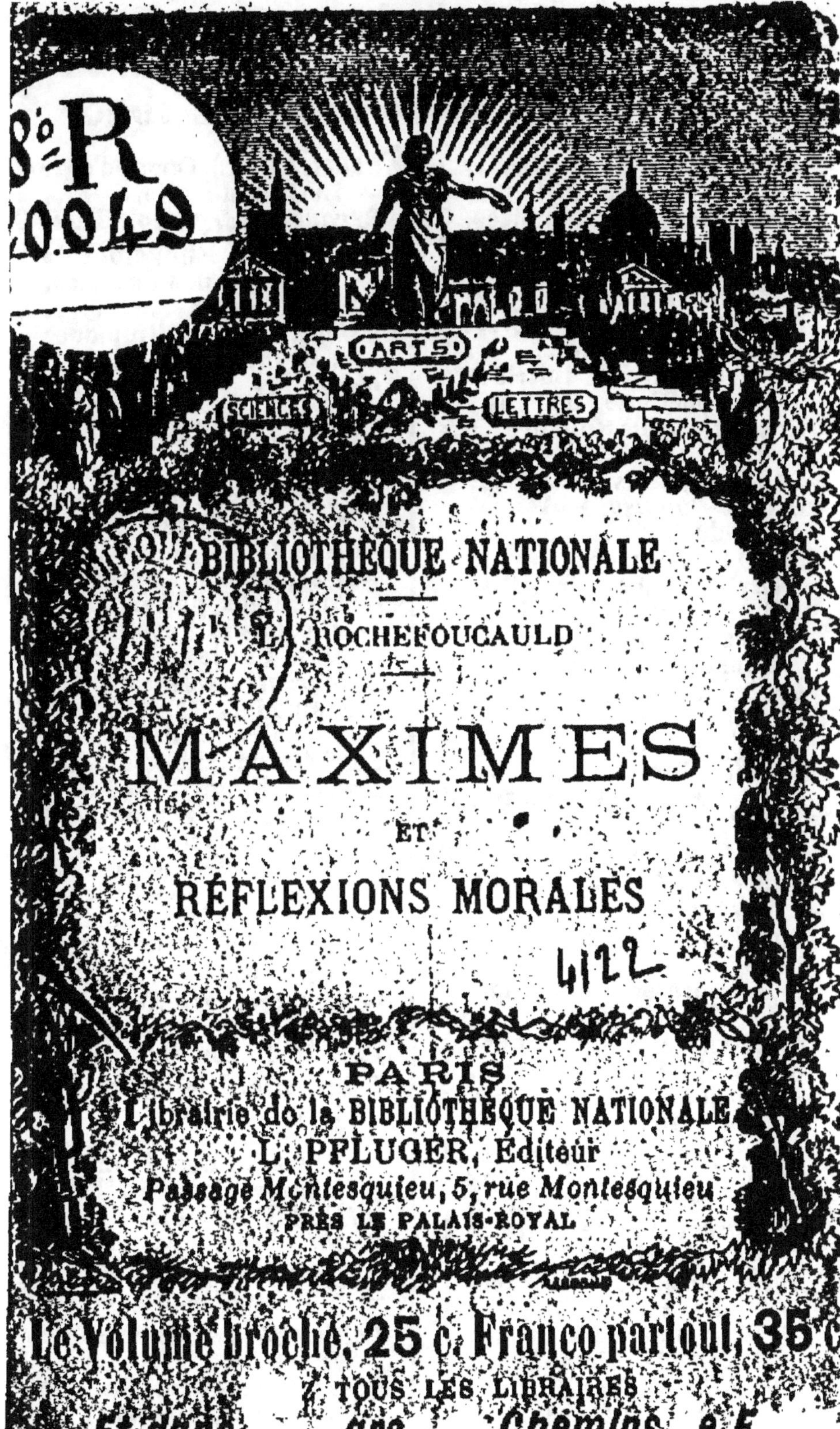

BIBLIOTHÈQUE NATIONALE

LA ROCHEFOUCAULD

MAXIMES

ET

RÉFLEXIONS MORALES

PARIS
Librairie de la BIBLIOTHÈQUE NATIONALE
L. PFLUGER, Éditeur
Passage Montesquieu, 5, rue Montesquieu
PRÈS LE PALAIS-ROYAL

Bibliothèque Nationale. — Volumes à 25 c.

CATALOGUE AU 1er OCTOBRE 1900

Alfieri. De la Tyrannie...... 1
Arioste. Roland furieux.. 6
Beaumarchais. Mémoires. 5
— Barbier de Séville.... 1
— Mariage de Figaro..... 1
Beccaria. Délits et Peines. 1
Bernardin de St-Pierre. Paul et Virginie......... 1
Boileau Satires. Lutrin.. 1
— Art poétique. Epitres.. 1
Bossuet. Orais. funèbres.. 2
— Disc. sur l'Hist. univ. 3
Boufflers. Œuv. choisies. 1
Brillat-Savarin. Physiologie du Goût 2
Buffon. Discours sur le Style. Etude sur l'Histoire naturelle. Les Epoques de la Nature. Sur la Conservation des Forêts 2
Byron. Corsaire. Lara.... 1
Catulle, Poésies. —*Perse,* Satires................ 1
Cazotte. Diable amoureux. 1
Cervantes. Don Quichotte. 4
César. Guerre des Gaules. 1
Chamfort Œuv. choisies.. 3
Chapelle et Bachaumont. Voyages amusants...... 1
Chateaubriand. Atala. René..................... 1
— Le Dernier Abencerage. Les Martyrs........... 1
Cicéron. De la République. 1
— Catilinaires. Discours. 1
— Discours contre Verrès. 3
— Harangues au Peuple et au Sénat.......... 1
Collin d'Harleville. Vieux Célibataire. M. de Crac. 1
Condorcet Vie de Voltaire 1
— De l'Esprit humain.... 2
Corneille. Le Cid Horace. 1
— Cinna. Polyeucte...... 1
— Rodogune. Le Menteur. 1
— Nicomède. Pompée..... 1
Cornélius Népos. Vies des grands Capitaines...... 2
Courier (P.-L.). Chefs-d'œuv 2
— Lettres d'Italie.... 1
Cyrano de Bergerac.. Œuv. 2
D'Alembert. Encyclopédie 1
— Destruct. des Jésuites. 1
Dante. L'Enfer... 2
Démosthène. Philippiques et Olynthiennes......... 1
Descartes. La Méthode.. 1
Desmoulins (C.) Œuvres. 3
Destouches. Philosophe marié. Fausse Agnès.... 1
Diderot. Neveu de Rameau 1
— La Religieuse......... 1
— Romans et Contes..... 2
— Paradoxe du Comédien. 1
— Mélanges philosophiq. 1
— Jacques le Fataliste... 2
Duclos. Sur les Mœurs... 1
Dumarsais. Essai sur les Préjugés.............. 2
Dupuis. Origine des Cultes. 3
Epictète. Maximes 1
Erasme. Eloge de la Folie. 1
Euripide. Iphigénie à Aulis. Hippolyte......... 1
Fénelon. Télémaque..... 3
— Education des Filles.. 1
— Disc. à l'Académie. Dialogues sur l'Eloquence. 1
Florian. Fables.......... 1
— Galatée. Estelle....... 1
— Gonzalve de Cordoue.. 2
Foë. Robinson Crusoé 4
Fontenelle. Dialogues des Morts. Jugement de Pluton............... 1
— Pluralité des Mondes. 1
— Histoire des Oracles.. 1
Gilbert. Poésies......... 1
Gœthe. Werther 1
— Hermann et Dorothée. 1
— Faust 1
Goldsmith. Le Ministre de Wakefield............. 2
Gresset. Ver-Vert. Carême impromptu. Méchant.... 1

BIBLIOTHÈQUE NATIONALE

COLLECTION DES MEILLEURS AUTEURS ANCIENS ET MODERNES

LA ROCHEFOUCAULD

MAXIMES

ET

RÉFLEXIONS MORALES

PRÉCÉDÉES D'UNE ÉTUDE

Par EMILE DESCHANEL

PARIS

LIBRAIRIE DE LA BIBLIOTHÈQUE NATIONALE

PASSAGE MONTESQUIEU (RUE MONTESQUIEU)

Près le Palais-Royal

1905

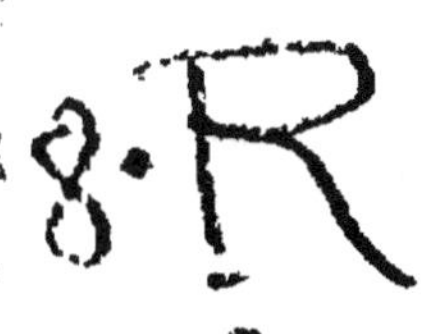

Un de nos plus spirituels causeurs (nous n'osons employer le mot barbare de conférencier), M. Emile Deschanel, veut bien nous autoriser à reproduire son *Etude sur La Rochefoucauld*, publiée dans le *Journal des Débats*.

Toutes décourageantes qu'elles sont au premier coup d'œil, les *Maximes* de La Rochefoucauld, soit qu'on les admette, soit qu'on les rejette, excitent la pensée et la fécondent. Il en est plus d'une qui, développée, fournirait un chapitre et peut-être un volume. Prenons, si vous le voulez, celle-ci, qui semble provoquer la conversation :

« Nos actions sont comme les bouts-rimés, que chacun fait rapporter à ce qu'il lui plaît. »

Ces deux lignes, qui n'ont l'air de rien, contiennent, pour peu qu'on y songe, tout un traité de morale théorique et pratique. Rassurez-vous, ami lecteur, je n'écrirai point ce traité ; mais je veux montrer qu'on pourrait l'écrire en le tirant de ces deux lignes.

D'abord, qu'est-ce que La Rochefoucauld veut dire par ces bouts-rimés? Si je ne me trompe, le voici :

Dans la vie humaine, ce qui est en vue, ce qui paraît, ce sont les actions; ce qui n'est pas en vue, ce qui ne paraît pas, ce sont les intentions. Or, c'est l'intention qui donne à l'action son caractère et sa valeur. « Celui, dit La Bruyère, qui, logé chez soi dans un palais, avec deux appartements pour les deux saisons, vient coucher au Louvre dans un entre-sol, n'en use pas ainsi par modestie. Cet autre qui, pour conserver une taille fine, s'abstient du vin et ne fait qu'un seul repas, n'est ni sobre ni tempérant. Et d'un troisième qui, importuné d'un ami pauvre, lui donne enfin quelque secours, l'on dit qu'il achète son repos, et nullement qu'il est libéral. Le motif seul fait le mérite des actions des hommes, et le désintéressement y met la perfection. »

C'est donc par le motif qu'on juge l'action. Par exemple, sur le chapitre des bienfaits, « il n'y a, dit Rousseau, que l'intention qui oblige, et celui qui profite d'un bien que je ne veux faire qu'à moi ne me doit aucune reconnaissance. »

Mais puisque les intentions ne se voient pas, comment les connaître pour les apprécier sans erreur? Il faudrait pouvoir pénétrer dans le for intérieur d'autrui, et on ne le peut pas. On en est donc réduit aux conjectures.

Chacun les fait à sa manière. Étant donnée une action, chacun en suppose les motifs de la même façon que chacun, dans une société qui s'amuse, cherche à remplir les lignes en blanc qui conduisent aux bouts-rimés. Autant d'imaginations en jeu, autant de différents impromptus sur ces rimes : de même autant de conjectures diverses sur les motifs de cette action. Chacun exerce son esprit sur ces bouts-rimés, les mêmes pour tous : les pensées que l'on y ajoute, le sujet, la couleur, la mesure des vers, varient à l'infini. Je me souviens d'avoir entendu l'improvisateur Eugène de Pradel traiter sur les mêmes bouts-rimés ces deux sujets-ci, l'un après l'autre : *la Prise de Saint-Jean-d'Ulloa* et *les Folies du Carnaval*. Pour le premier, il prenait les rimes en descendant; pour le second, en remontant. Il faisait donc raporter les bouts-rimés non-seulement à ce qu'il lui plaisait, mais à ce qu'il plaisait au public.

Ainsi faisons-nous quant aux actions d'autrui, et chacun les fait rapporter non-seulement à ce qu'il lui plaît, mais à ce qu'il plaît au grand nombre. Car il est à noter encore qu'en fait de motifs non-seulement on préjuge à tort ou à raison ceci ou cela, mais que l'on ne dit pas toujours sincèrement et exactement ce qu'on préjuge : on pense une chose, on en dit une autre; et, lorsque par hasard on suppose du bien, souvent encore on dit du mal, uniquement pour s'accommoder à la commune opinion.

Chamfort conte quelque part ceci : « M. Th. me disait un jour qu'en général dans la société, lorsqu'on avait fait quelque action honnête et courageuse par un motif digne d'elle, c'est-à-dire très-noble, il fallait que celui qui avait fait cette action lui prêtât, pour adoucir l'envie, quelque motif moins honnête et plus vulgaire. »

Au reste, la plupart du temps, c'est de très-bonne foi qu'on médit, jugeant d'autrui d'après soi-même.

L'action est donc une sorte d'énigme, dont les curieux cherchent le mot. Mais cette énigme-là a souvent plusieurs mots, qui tous, à des degrés divers, conviennent; et ordinairement chacun des curieux n'en cherche ou n'en admet qu'un seul. Les uns rapportent cette action à l'intérêt, les autres au plaisir, les autres à l'instinct, les autres, en très-petit nombre, au devoir et au dévouement.

Un exemple éclaircira tout. Le plus banal sera le meilleur. Vous avez sauvé une personne qui allait périr, dans le feu ou dans l'eau, comme vous voudrez, peu importe. — Voilà l'action.

Quel a été le mobile de cette action ? On demandera d'abord quelle est cette personne, si c'est un homme ou une femme, et, supposé que ce soit une femme, on demandera si elle est jeune et jolie ; et, supposé qu'elle ne soit ni jolie ni jeune, on demandera si elle est riche ou influente. C'est-à-dire que l'on commencera par supposer à votre action quelque mobile intéressé : intérêt de sentiment, ou de fortune, ou d'ambition. Si cette femme n'est ni jeune, ni jolie, ni riche, ni influente, mais qu'au contraire elle soit vieille et laide, pauvre et délaissée, les suppositions sur le mobile qui a pu déterminer votre action commenceront à être moins défavorables. On pourra toutefois dire encore que vous avez exposé votre vie soit pour obtenir l'admiration publique, — intérêt de gloire, — soit par amour du danger, pour le danger même, — mobile instinctif, affaire de tempérament et de complexion. — Enfin, si vous passez pour pieux et dévot, on aura la ressource de dire que vous avez fait bon marché de cette vie fugitive et triste d'ici-bas, courant très-volontiers la chance de l'échanger contre une vie éternelle de félicité : — intérêt d'outre-tombe.

Mais, s'il est avéré que vous n'êtes ni dévot ni pieux, et que vous croyez peu à l'autre vie ; que vous êtes d'une complexion calme et froide, d'un naturel prudent, d'un caractère modeste ; que vous avez sauvé une vieille femme ou un vieil homme incognito, la nuit, sans spectateurs ; que, de plus, vous n'êtes pas garçon et seul, mais marié et père de famille ; qu'enfin vous êtes assez mauvais nageur ; ne sera-t-on pas réduit à croire que vous avez agi, de deux choses l'une : ou bien par un mouvement d'humanité, — encore le mobile instinctif, — ou bien enfin par devoir ?

On peut choisir d'autres exemples et varier les circonstances. On peut aussi, à ce propos, relire dans la Correspondance de Stendhal la jolie histoire du lieutenant Louaud. On trouvera toujours, en somme, que toutes les interprétations possibles des divers mobiles des actions humaines se réduisent nécessairement à trois sortes :

Motifs intéressés,
Absence de motifs intéressés,
Sacrifice des motifs intéressés ;

En d'autres termes :

Morale égoïste,
Morale instinctive,
Morale du devoir.

Laquelle devrait nous diriger toujours ? — La dernière.

Laquelle nous dirige ordinairement ? — La première.

Quant à la morale instinctive, elle se combine, dans la plupart des occasions, avec l'une des deux autres.

Des conduites diverses en apparence peuvent cependant être identiques au fond par les motifs.

Réciproquement, par les motifs, des conduites identiques en apparence peuvent être diverses au fond.

Ecoutons ce que dit là-dessus Théodore Jouffroy : « Une action peut être produite par les motifs les plus opposés sans cesser de paraître la même. Les *Maximes* de La Rochefoucauld en sont une preuve frappante. Prenez toutes les actions possibles, prenez-les en elles-mêmes et telles qu'elles apparaissent au spectateur : La Rochefoucauld se charge de démontrer qu'il n'y en a pas une, non pas même de celles qui ont l'air d'être les plus généreuses, qui ne puisse s'expliquer par un motif égoïste, et, en effet, il n'est point d'action qui ne puisse être faite par un tel motif. Mais s'ensuit-il qu'elles ne se fassent jamais par un motif désintéressé? Nullement : elles se font tantôt par un motif désintéressé, tantôt par un motif égoïste. Et comment, dans un cas donné, savoir par lequel des deux? Elles-mêmes ne peuvent vous l'apprendre : c'est le secret de la conscience qui les accomplit. En se bornant à interroger les actions humaines, on ne peut donc arriver à rien de certain sur les motifs qui les déterminent; elles se prêtent avec la même facilité aux interprétations les plus diverses, et justifient avec la même complaisance les systèmes les plus opposés... »

Quoi qu'il en soit, le monde en général est assez de l'avis de La Rochefoucauld, dans la pratique du moins, sinon en théorie, et adopte volontiers cette formule : Croyez toujours le plus de mal possible, rarement vous vous tromperez.

Je ne sais plus quel humoriste a écrit la boutade suivante : « Vous arrêtez un passant, et vous lui dites : *Je vois un crime dans ta vie !* L'homme se trouble, il regarde dans son passé, et il en voit deux. »

Lorsqu'un étudiant du quartier Latin veut se débarrasser d'une maîtresse, il n'a qu'à lui écrire ces trois mots : *Je sais tout !* il est sûr, dit-on, de rencontrer juste.

Mais, s'il vaut mieux risquer d'absoudre deux coupables que de condamner un innocent, ce n'est pas seulement dans un tribunal que cette règle est de mise, c'est dans la conduite quotidienne de la vie. Le pessimisme est une calomnie, l'optimisme est une duperie; il ne faut être ni calomniateur ni dupe; mais, si l'on devait choisir absolument, il vaudrait mieux être optimiste. La Rochefoucauld a choisi le contraire. Il rapporte toutes nos actions à un seul mobile, *l'amour-propre*, — sous ses deux formes : égoïsme ou orgueil. Ainsi, donnez à ce sceptique tous les bouts-rimés que vous voudrez, sur les rimes les plus diverses, il vous fera toujours les mêmes vers : à l'amour de soi, sous ces deux aspects, il rapporte toutes les actions, les plus différentes, les plus opposées.

L'amour-propre est pour lui la clef de toutes les énigmes de la vie humaine. Vous reconnaissez là un homme lassé et dégoûté des aventures galantes et politiques.

Le monde, blasé aussi, voit à peu près de même. Les éléments de la conjecture au sujet de telle ou telle action sont, d'une part, ce que l'on croit savoir du caractère de celui qui l'a faite ; de l'autre, le caractère de celui qui la juge. Les bons supposent volontiers de bons motifs; les méchants ou les sots en supposent de méchants ou de sots. De même qu'on ne trouve dans un livre qu'autant d'esprit que l'on en a, on ne peut aussi sentir que dans la mesure de son propre mérite ou de sa propre délicatesse le mérite ou la délicatesse d'autrui. Attendez-vous donc à ce que les gens sans esprit et sans cœur, c'est-à-dire un très-grand nombre de gens, supposent à vos actions les motifs mesquins qui règlent les leurs. Attendez-vous à ce que, chaque jour, sans que vous puissiez soupçonner comment ni pourquoi, on vous fasse parler et agir contrairement à vos sentiments et à votre caractère, conformément à la méchanceté ou à la sottise de ce très-grand nombre. Attendez-vous à cela, dis-je, et, tout en vous y attendant, vous ne laisserez pas d'être encore surpris et de vous affliger.

A un homme d'argent, par exemple, comment persuaderiez-vous que ce n'est pas l'argent qui vous préoccupe, et que vous en faites peu de cas? Un orgueilleux croira malaisément que la gloire ne vous tente guère. Un esprit subtil cherchera des subtilités à expliquer votre conduite. Un petit esprit vous prêtera des petitesses. Un lâche vous attribuera une lâcheté pareille à la sienne. Enfin, le vulgaire vous fera cadeau, pour expliquer vos actions, d'une provision de sottises et de vilenies.

S'il vous arrive d'essuyer quelque persécution en combattant pour ce que vous croyez la vérité, vous aurez l'humiliation d'être plaint par les moins méchants des imbéciles, qui mesurent l'honneur au succès et croient que l'insuccès fait regretter la lutte. Vous serez honoré, vive Dieu ! de la commisération de ce bétail. La dernière chose dont on s'avisera, c'est que vous avez agi de telle sorte parce que c'était votre devoir. Et si l'on s'en avise enfin par hasard, on se gardera bien de s'arrêter à cette idée, désagréable pour ceux qui n'ont pas agi de même. Mais vous, dans votre cœur, vous vous direz, avec les héros de Corneille :

> Je le ferais encor si j'avais à le faire !

Il arrive parfois qu'une mauvaise action nous attire beaucoup moins de médisances qu'une bonne action de calomnies. Le fait est que peu d'hommes admettent qu'un de leurs semblables soit honnête. Ils aiment mieux recourir aux suppositions, je ne dis pas seulement les plus outrageuses, mais les plus invraisemblables, les plus impossibles, que de croire à la réalité qui leur saute aux yeux, lorsque cette réalité est l'honnêteté d'autrui, qui les humilierait s'ils y croyaient.

Comme les lâches, quoiqu'ils se donnent le nom de sages, ne peuvent s'empêcher par moments de se savoir mauvais gré de leur lâcheté, dont ils ont conscience en dépit d'eux-mêmes, ni de reconnaître secrètement la vertu d'autrui, qu'ouvertement ils contestent, ils ne laissent échapper aucune occasion de desservir ou de calomnier ceux qu'ils appellent imprudents, ambitieux, cerveaux brûlés, c'est-à-dire ceux qui croient fermement à quelque chose, et qui agissent conformément à leur croyance, sans jamais reculer d'un pas, sans jamais céder rien à la fortune adverse, sans jamais déserter leur principe, sans jamais trahir leur drapeau, pour quelque prix que ce puisse être. Ainsi les braves cœurs et les esprits sincères, tandis qu'ils ne songent qu'à faire leur devoir, ont une foule d'ennemis qu'ils ne soupçonnent point, et que leur vertu même leur suscite. Tout cela pullule et grouille autour d'eux, et travaille à leur nuire.

Les actions humaines sont rarement aussi bonnes ou aussi mauvaises qu'elles le paraissent.

On voit l'action, avons-nous dit; mais on ne voit pas le motif. Bien plus! l'action elle-même, est-ce qu'on la voit toujours? Souvent on n'en voit que le résultat, et c'est là-dessus qu'on la juge! Pourtant un mince résultat peut suivre un effort magnanime, et réciproquement, un résultat immense peut naître de quelque essai capricieux. Le grand Corneille encore proteste, pour sa part, contre de pareils jugements :

Sire, c'est rarement qu'il s'offre une matière
A montrer d'un grand cœur la vertu tout entière;
Suivant l'occasion, elle agit plus ou moins,
Et paraît forte ou faible aux yeux de ses témoins.
Le peuple, qui voit tout seulement par l'écorce,
S'attache à son effet pour juger de sa force. .

Il veut qu'on soit égal en tout temps, en tous lieux,
Il n'examine point si lors on pouvait mieux,
Ni que, s'il ne voit pas toujours une merveille,
L'occasion est moindre et la vertu pareille.

Pour apprécier toute conduite, on doit toujours examiner trois choses : l'intention, les moyens et le résultat. Mais la troisième est celle qui importe le moins, au point de vue moral ; la première est celle qui importe le plus ; la seconde dépend de la première, et en suit la nature.

Celui-là seul qui fait l'action peut en connaître le motif ou les motifs. Et encore ! je dis qu'il le peut ; je devrais dire qu'il le pourrait, à la condition qu'il eût pris dès longtemps l'habitude d'être sincère avec lui-même et de s'analyser, chose très-ardue ! Autrement, avec quelle facilité on s'en laisse conter par soi-même et l'on devient sa propre dupe !

Un homme qui se vend ne dit pas : *Je me vends!* Il ne le dit ni à autrui ni à lui-même. Non, mais il se met à considérer que la sagesse est de s'accommoder aux temps ; qu'un homme n'est pas de force à lutter contre le courant des circonstances : que ce qu'il a pris jusque-là pour fermeté n'est peut-être qu'obstination; qu'il ne faut pas rester homme de théorie et vivre dans l'abstrait, qu'il faut devenir esprit pratique ; que, si les idées ont leurs droits, les faits aussi ont leur pouvoir ; qu'il n'y a rien d'absolu dans la vie; qu'après tout tel principe, qu'il a tenu pour vrai jusqu'à ce jour, ne l'est peut-être pas autant qu'il le croyait, ou ne l'est pas plus que tel autre, que soutient le parti contraire ; que l'on a fait assez de sacrifices à une cause contre laquelle le ciel s'est prononcé ; qu'on se doit à sa famille autant qu'à sa patrie, et que cette patrie elle-même on trouvera peut-être encore moyen de la servir, et mieux, dans un camp que dans l'autre, etc. Voilà par quelle pente insensible de sophismes et d'arguties on abandonne son devoir et on descend aux lâchetés.

Et le lendemain même du jour où, par suite de ces beaux raisonnements, on s'est vendu, on ne déblatère pas avec moins d'assurance contre ceux qui se vendent. Et ce n'est pas un rôle que l'on prend pour couvrir son infamie de son impudence; non, c'est de bonne foi, avec ingénuité.

Dans la conduite de la vie, notre étude de chaque moment doit être de dénouer ces sophismes, de déjouer ces ruses, d'éclairer ces piéges, de débrouiller ces mensonges de l'intérêt. A cette fin, le livre de La Rochefoucauld est d'un grand secours. On pourrait croire, et quelques-uns ont cru, qu'au fond cet esprit pénétrant et pratique ne s'était pas proposé autre chose.

« Il serait sévère, dit Jouffroy, d'imputer tout le système de Hobbes à l'auteur des *Maximes*. Je crois que le but de cet homme spirituel et de cet admirable écrivain a été de montrer qu'il existait peu d'actions, même parmi celles qui ont le plus les apparences du désintéressement et de la vertu, qui ne pussent avoir été dictées par un motif égoïste. Mais, entre cette vue et celle que toute action humaine est inspirée par l'égoïsme, il y a très-loin. La Rochefoucauld démasque l'hypocrisie possible des actions, nous engage en quelque sorte à bien examiner les motifs qui les ont déterminées, avant de les déclarer vertueuses : il fait la guerre aux apparences, et incline peut-être à faire plus grand qu'il ne l'est, plus grand surtout qu'on ne le croit, le rôle de l'égoïsme dans les déterminations humaines. Voilà jusqu'où va La Rochefoucauld, et tout ce qu'impliquent à la rigueur ses *Maximes:* je ne crois pas qu'on ait le droit de lui imputer davantage. »

Au bout du compte, pour rendre ces *Maximes* acceptables et équitables de tout point, il ne s'agit que d'y sous-entendre des correctifs tels que ceux-ci : *Ordinairement, Presque toujours, A très-peu d'exceptions près.* Aussitôt elles deviendront toutes aussi justes qu'ingénieuses, et on pourra les relire souvent avec fruit.

Oui, la morale de l'intérêt, c'est-à-dire la fausse morale, est celle qui règne à peu près universellement, cela est vrai; mais, en revanche, il est vrai aussi que la morale du devoir et du dévouement, la vraie morale, guide quelques âmes; et il suffit de ces quelques âmes pour réfuter tous les paradoxes des sceptiques, et sauver l'honneur de l'humanité.

Nous ne disons pas seulement la morale du devoir, nous disons la morale du devoir et du dévouement. Car le dernier tout seul, le devoir strict, ne suffit point. Ou, si vous aimez mieux cette formule, c'est un devoir parfois d'aller au delà même du devoir.

Telle âme est droite comme une ligne géométrique, mais de même sèche et abstraite : hors de l'honnêteté rigoureuse, elle n'a aucun élan, aucun essor. Elle s'enferme dans le devoir pur ; au delà, elle ne connaît rien. Que manque-t-il à cette âme pour être vraiment belle ? Il lui manque l'ardeur qui fait qu'on se dévoue, la flamme des généreux sacrifices ; il lui manque ce qui est par delà le devoir rigide, il lui manque le dévouement. Dans l'accomplissement de la vertu, c'est la raison qui trace la carrière, c'est le cœur qui la fournit.

Vous avez vu couler le fer ? On creuse un sillon dans le sable ; le flot rouge qui sort du haut-fourneau s'y précipite et le remplit : c'est *la coulée.* A quoi servirait le sillon si la coulée n'y descendait ? La coulée, c'est le dévouement, c'est la charité, la fraternité ; c'est nous-mêmes que nous répandons en nous consumant, pour être utiles à nos semblables, amis ou ennemis ; ce sont nos idées et nos sentiments, c'est notre bonne volonté, c'est notre substance physique et morale, c'est notre âme et notre vie. Le sillon est tracé par notre intelligence, par notre droite intention ; il est creusé par notre volonté, par notre activité ; il est rempli par notre amour. Intelligence, volonté, amour, n'est-ce point tout l'homme ou presque tout l'homme ? Ajoutons-y, si vous voulez, le corps, qui n'est qu'un détail, et que nous donnerons par-dessus le marché, lorsque l'occasion le demandera.

ÉMILE DESCHANEL

PORTRAIT

DU DUC DE LA ROCHEFOUCAULD

Fait par lui-même, imprimé en 1658

Je suis d'une taille médiocre, libre et bien proportionnée. J'ai le teint brun, mais assez uni ; le front élevé et d'une raisonnable grandeur ; les yeux noirs, petits et enfoncés ; et les sourcils noirs et épais, mais bien tournés. Je serais fort empêché de dire de quelle sorte j'ai le nez fait ; car il n'est ni camus, ni aquilin, ni gros, ni pointu, au moins à ce que je crois : tout ce que je sais, c'est qu'il est plutôt grand que petit, et qu'il descend un peu trop bas. J'ai la bouche grande, et les lèvres assez rouges d'ordinaire, et ni bien ni mal taillées. J'ai les dents blanches et passablement bien rangées. On m'a dit autrefois que j'avais un peu trop de menton : je viens de me regarder dans le miroir pour savoir ce qu'il en est, et je ne sais pas trop bien qu'en juger. Pour le tour du visage, je l'ai ou carré, ou en ovale ; lequel des deux, il me serait fort difficile de le dire. J'ai les cheveux noirs, naturellement frisés, et avec cela assez épais et assez longs pour pouvoir prétendre en belle tête.

J'ai quelque chose de chagrin et de fier dans la mine : cela fait croire à la plupart des gens que je suis méprisant, quoique je ne le sois point du tout. J'ai l'action fort aisée, et même un peu trop, et jusqu'à faire beaucoup de gestes en parlant. Voilà naïvement comme je pense que je suis fait au dehors, et l'on trouvera, je crois, que ce que je pense de moi là-dessus n'est pas fort éloigné de ce qui en est. J'en userai avec la même fidélité dans ce qui me reste à faire de mon portrait ; car je me suis assez étudié pour me bien connaître, et je ne manquerai ni d'assurance pour dire librement ce que je puis avoir de bonnes qualités, ni de sincérité pour avouer franchement ce que j'ai de défauts.

Premièrement, pour parler de mon humeur, je suis mélancolique, et je le suis à un point que, depuis trois ou quatre ans, à peine m'a-t-on vu rire trois ou quatre fois. J'aurais pourtant, ce me semble, une mélancolie assez supportable et assez douce, si je n'en avais point d'autre que celle qui me vient de mon tempérament ; mais il m'en vient tant d'ailleurs, et ce qui m'en vient me remplit de telle sorte l'imagination, et m'occupe si fort l'esprit, que la plupart du temps, ou je rêve sans dire mot, ou je n'ai presque point d'attache à ce que je dis. Je suis fort resserré avec ceux que je ne connais pas, et je ne suis pas même extrêmement ouvert avec la plupart de ceux que je connais. C'est un défaut, je le sais bien, et je ne négligerai rien pour m'en corriger ; mais comme un certain air sombre que j'ai dans le visage contribue à me faire paraître encore plus réservé que je ne le suis, et qu'il n'est pas en notre pouvoir de nous défaire d'un méchant air qui nous vient de la disposition naturelle des traits, je pense qu'après m'être corrigé au dedans, il ne laissera pas de me demeurer toujours de mauvaises marques au dehors.

J'ai de l'esprit, et je ne fais point difficulté de le dire ; car à quoi bon façonner là-dessus ? Tant biaiser et tant apporter d'adoucissement pour dire les avantages que l'on a, c'est, ce me semble, cacher un peu de vanité sous une modestie apparente, et se servir d'une manière bien adroite pour faire croire de soi beaucoup plus de bien que l'on n'en dit. Pour moi, je suis content qu'on ne me croie ni plus beau que je me fais, ni de meilleure humeur que je me dépeins, ni plus spirituel et plus raisonnable que je le suis. J'ai donc de l'esprit, encore une fois, mais un esprit que la mélancolie gâte ; car, encore que je possède assez bien ma langue, que j'aie la mémoire heureuse, et que je ne pense pas les choses fort confusément, j'ai pourtant une si forte application à mon chagrin, que souvent j'exprime assez mal ce que je veux dire.

La conversation des honnêtes gens est un des plaisirs qui me touchent le plus. J'aime qu'elle soit sérieuse, et que la morale en fasse la plus grande partie. Cependant je sais la goûter aussi lorsqu'elle est enjouée ; et si je ne dis pas beaucoup de petites choses pour rire, ce n'est pas du moins que je ne connaisse pas ce que valent les bagatelles bien dites, et que je ne trouve fort divertissante cette manière de badiner, où il y a certains esprits prompts et aisés qui réussissent si bien. J'écris bien en prose, je fais bien en vers ; et si j'étais sensible à la gloire qui vient de ce côté-là, je pense qu'avec peu de travail je pourrais m'acquérir assez de réputation.

J'aime la lecture, en général ; celle où il se trouve quelque chose qui peut façonner l'esprit et fortifier l'âme est celle que j'aime le plus. Surtout j'ai une extrême satisfaction à lire avec une personne d'esprit ; car, de cette sorte, on réfléchit à tout moment sur ce qu'on lit; et des réflexions que l'on fait, il se forme une conversation la plus agréable du monde et la plus utile.

Je juge assez bien des ouvrages de vers et de prose que l'on me montre; mais j'en dis peut-être mon sentiment avec un peu trop de liberté. Ce qu'il y a encore de mal en moi, c'est que j'ai quelquefois une délicatesse trop scrupuleuse, et une critique trop sévère. Je ne hais pas entendre disputer, et souvent aussi je me mêle assez volontiers dans la dispute : mais je soutiens d'ordinaire mon opinion avec trop de chaleur; et lorsqu'on défend un parti injuste contre moi, quelquefois, à force de me passionner pour la raison, je deviens moi-même fort peu raisonnable.

J'ai les sentiments vertueux, les inclinations belles, et une si forte envie d'être tout à fait honnête homme, que mes amis ne me sauraient faire un plus grand plaisir que de m'avertir sincèrement de mes défauts. Ceux qui me connaissent un peu particulièrement, et qui ont eu la bonté de me donner quelquefois des avis là-dessus savent que je les ai toujours reçus avec toute la joie imaginable et toute la soumission d'esprit que l'on saurait désirer.

J'ai toutes les passions assez douces et assez réglées : on ne m'a presque jamais vu en colère, et je n'ai jamais eu de haine pour personne. Je ne suis pas pourtant incapable de me venger, si l'on m'avait offensé, et qu'il y allât de mon honneur à me ressentir de l'injure qu'on m'aurait faite. Au contraire, je suis assuré que le devoir ferait si bien en moi l'office de la haine, que je poursuivrais ma vengeance avec encore plus de vigueur qu'un autre.

L'ambition ne me travaille point. Je ne crains guère de choses, et ne crains aucunement la mort. Je suis peu sensible à la pitié, et je voudrais ne l'y être point du tout. Cependant il n'est rien que je ne fisse pour le soulagement d'une personne affligée ; et je crois effectivement que l'on doit tout faire, jusqu'à lui témoigner même beaucoup de compassion de son mal ; car les misérables sont si sots, que cela leur fait le plus grand bien du monde : mais je tiens aussi qu'il faut se contenter d'en témoigner, et se garder soigneusement d'en avoir. C'est une passion qui n'est bonne à rien au dedans d'une âme bien faite, qui ne sert qu'à affaiblir le cœur, et qu'on doit laisser au peuple, qui, n'exécutant jamais rien par raison, a besoin de passions pour le porter à faire les choses.

J'aime mes amis; et je les aime d'une façon que je ne balancerais pas un moment à sacrifier mes intérêts aux leurs. J'ai de la condescendance pour eux; je souffre patiemment leurs mauvaises humeurs : seulement je ne leur fais pas beaucoup de caresses, et je n'ai pas non plus de grandes inquiétudes en leur absence.

J'ai naturellement fort peu de curiosité pour la plus grande partie de tout ce qui en donne aux autres gens. Je suis fort secret, et j'ai moins de difficulté que personne à taire ce qu'on m'a dit en confidence. Je suis extrêmement régulier à ma parole ; je n'y manque jamais, de quelque conséquence que puisse être ce que j'ai promis; et je m'en suis fait toute ma vie une loi indispensable. J'ai une civilité fort exacte parmi les femmes; et je ne crois pas avoir jamais rien dit devant elles qui leur ait pu faire de la peine. Quand elles ont l'esprit bien fait, j'aime mieux leur conversation que celle des hommes; on y trouve une certaine douceur qui ne se rencontre point parmi nous; il me semble, outre cela, qu'elles s'expliquent avec plus de netteté, et qu'elles donnent un tour plus agréable aux choses qu'elles disent. Pour galant, je l'ai été un peu autrefois; présentement je ne le suis plus, quelque jeune que je sois. J'ai renoncé aux fleurettes; et je m'étonne seulement de ce qu'il y a encore tant d'honnêtes gens qui s'occupent à en débiter.

J'approuve extrêmement les belles passions ; elles marquent la grandeur de l'âme : et, quoique dans les inquiétudes qu'elles donnent, il y ait quelque chose de contraire à la sévère sagesse, elles s'accommodent si bien d'ailleurs avec la plus austère vertu, que je crois qu'on ne les saurait condamner avec justice. Moi qui connais tout ce qu'il y a de délicat et de fort dans les grands sentiments de l'amour, si jamais je viens à aimer, ce sera assurément de cette sorte ; mais de la façon dont je suis, je ne crois pas que cette connaissance que j'ai me passe jamais de l'esprit au cœur.

MAXIMES ET RÉFLEXIONS MORALES

---

1. Ce que nous prenons pour des vertus, n'est souvent qu'un assemblage de diverses actions et de divers intérêts que la fortune ou notre industrie savent arranger; et ce n'est pas toujours par valeur et par chasteté que les hommes sont vaillants et que les femmes sont chastes.

2. L'amour-propre est le plus grand de tous les flatteurs.

3. Quelques découvertes que l'on ait faites dans le pays de l'amour-propre, il y reste encore bien des terres inconnues.

4. L'amour-propre est plus habile que le plus habile homme du monde.

5. La durée de nos passions ne dépend pas plus de nous que la durée de notre vie.

6. La passion fait souvent un fou du plus habile homme, et rend souvent habiles les plus sots.

7. Ces grandes et éclatantes actions qui éblouissent les yeux sont représentées par les politiques comme les effets des grands desseins, au lieu que ce sont d'ordinaire les effets de l'humeur et des passions. Ainsi la guerre d'Auguste et d'Antoine, qu'on rapporte à l'ambition qu'ils avaient de se rendre maîtres du monde, n'était peut-être qu'un effet de jalousie.

8. Les passions sont les seuls orateurs qui persuadent toujours. Elles sont comme un art de la nature dont les règles sont infaillibles; et l'homme le plus simple qui a de la passion persuade mieux que le plus éloquent qui n'en a point.

9. Les passions ont une injustice et un propre intérêt, qui fait qu'il est dangereux de les suivre, et qu'on s'en doit défier lors même qu'elles paraissent le plus raisonnables.

10. Il y a dans le cœur humain une génération perpétuelle de passions, en sorte que la ruine de l'une est presque toujours l'établissement d'une autre.

11. Les passions en engendrent souvent qui leur sont contraires: l'avarice produit quelquefois la prodigalité, et la prodigalité l'avarice; on est souvent ferme par faiblesse, et audacieux par timidité.

12. Quelque soin que l'on prenne de couvrir ses passions par des apparences de

piété et d'honneur, elles paraissent toujours au travers de ces voiles.

13. Notre amour-propre souffre plus impatiemment la condamnation de nos goûts que de nos opinions.

14. Les hommes ne sont pas seulement sujets à perdre le souvenir des bienfaits et des injures; ils haïssent même ceux qui les ont obligés, et cessent de haïr ceux qui leur ont fait des outrages. L'application à récompenser le bien et à se venger du mal, leur paraît une servitude à laquelle ils ont peine à se soumettre.

15. La clémence des princes n'est souvent qu'une politique pour gagner l'affection des peuples.

16. Cette clémence, dont on fait une vertu, se pratique, tantôt par vanité, quelquefois par paresse, souvent par crainte, et presque toujours par tous les trois ensemble.

17. La modération des personnes heureuses vient du calme que la bonne fortune donne à leur humeur.

18. La modération est une crainte de tomber dans l'envie et dans le mépris que méritent ceux qui s'enivrent de leur bonheur; c'est une vaine ostentation de la force de notre esprit; enfin la modération des hommes dans leur plus haute élévation est un désir de paraître plus grands que leur fortune.

19. Nous avons tous assez de force pour supporter les maux d'autrui.

20. La constance des sages n'est que l'art de renfermer leur agitation dans leur cœur.

21. Ceux qu'on condamne au supplice affectent quelquefois une constance et un mépris de la mort qui n'est en effet que la crainte de l'envisager; de sorte qu'on peut dire que cette constance et ce mépris sont à leur esprit ce que le bandeau est à leurs yeux.

22. La philosophie triomphe aisément des maux passés et des maux à venir; mais les maux présents triomphent d'elle.

23. Peu de gens connaissent la mort; on ne la souffre pas ordinairement par résolution, mais par stupidité et par coutume; et la plupart des hommes meurent parce qu'on ne peut s'empêcher de mourir.

24. Lorsque les grands hommes se laissent abattre par la longueur de leurs infortunes, ils font voir qu'ils ne les soutenaient que par la force de leur ambition, non par celle de leur âme; et qu'à une grande vanité près, les héros sont faits comme les autres hommes.

25. Il faut de plus grandes vertus pour soutenir la bonne fortune que la mauvaise.

26. Le soleil ni la mort ne se peuvent regarder fixement.

27. On fait souvent vanité des passions, même les plus criminelles; mais l'envie est une passion timide et honteuse, que l'on n'ose jamais avouer.

28. La jalousie est, en quelque manière, juste et raisonnable, puisqu'elle ne tend qu'à conserver un bien qui nous appartient ou que nous croyons nous appartenir; au lieu que l'envie est une fureur qui ne peut souffrir le bien des autres.

29. Le mal que nous faisons ne nous attire pas tant de persécutions et de haine que nos bonnes qualités.

30. Nous avons plus de force que de volonté; et c'est souvent pour nous excuser à nous-mêmes, que nous nous imaginons que les choses sont impossibles.

31. Si nous n'avions point de défauts, nous ne prendrions pas tant de plaisir à en remarquer dans les autres.

32. La jalousie se nourrit dans les doutes; elle devient fureur, ou elle finit sitôt qu'on passe du doute à la certitude.

33. L'orgueil se dédommage toujours et ne perd rien, lors même qu'il renonce à la vanité.

34. Si nous n'avions point d'orgueil, nous ne nous plaindrions pas de celui des autres.

35. L'orgueil est égal dans tous les hommes, et il n'y a de différence qu'aux moyens

et à la manière de le mettre au jour.

36. Il semble que la nature, qui a si sagement disposé les organes de notre corps pour nous rendre heureux, nous ait aussi donné l'orgueil pour nous épargner la douleur de connaître nos imperfections.

37. L'orgueil a plus de part que la bonté aux remontrances que nous faisons à ceux qui commettent des fautes ; et nous ne les reprenons pas tant pour les en corriger, que pour leur persuader que nous en sommes exempts.

38. Nous promettons selon nos espérances, et nous tenons selon nos craintes.

39. L'intérêt parle toutes sortes de langues, et joue toutes sortes de personnages, même celui de désintéressé.

40. L'intérêt, qui aveugle les uns, fait la lumière des autres.

41. Ceux qui s'appliquent trop aux petites choses deviennent ordinairement incapables des grandes.

42. Nous n'avons pas assez de force pour suivre toute notre raison.

43. L'homme croit souvent se conduire lorsqu'il est conduit ; et pendant que par son esprit il tend à un but, son cœur l'entraîne insensiblement à un autre.

44. La force et la faiblesse de l'esprit sont mal nommées, elles ne sont en effet

que la bonne ou la mauvaise disposition des organes du corps.

45. Le caprice de notre humeur est encore plus bizarre que celui de la fortune.

46. L'attachement ou l'indifférence que les philosophes avaient pour la vie n'était qu'un goût de leur amour-propre, dont on ne doit non plus disputer que du goût de la langue ou du choix des couleurs.

47. Notre humeur met le prix à tout ce qui nous vient de la fortune.

48. La félicité est dans le goût et non pas dans les choses; et c'est par avoir ce qu'on aime qu'on est heureux, non par avoir ce que les autres trouvent aimable.

49. On n'est jamais si heureux ni si malheureux qu'on se l'imagine.

50. Ceux qui croient avoir du mérite se font un honneur d'être malheureux, pour persuader aux autres et à eux-mêmes qu'ils sont dignes d'être en butte à la fortune.

51. Rien ne doit tant diminuer la satisfaction que nous avons de nous-mêmes, que de voir que nous désapprouvons dans un temps ce que nous approuvions dans un autre.

52. Quelque différence qu'il paraisse entre les fortunes, il y a une certaine compensation de biens et de maux qui les rend égales.

53. Quelques grands avantages que la

nature donne, ce n'est pas elle seule, mais la fortune avec elle, qui fait les héros.

54. Le mépris des richesses était, dans les philosophes, un désir caché de venger leur mérite de l'injustice de la fortune, par le mépris des mêmes biens dont elle les privait; c'était un secret pour se garantir de l'avilissement de la pauvreté; c'était un chemin détourné pour aller à la considération, qu'ils ne pouvaient avoir par les richesses.

55. La haine pour les favoris n'est autre chose que l'amour de la faveur. Le dépit de ne la pas posséder se console et s'adoucit par le mépris que l'on témoigne de ceux qui la possèdent; et nous leur refusons nos hommages, ne pouvant pas leur ôter ce qui leur attire ceux de tout le monde.

56. Pour s'établir dans le monde, on fait tout ce qu'on peut pour y paraître établi.

57. Quoique les hommes se flattent de leurs grandes actions, elles ne sont pas souvent les effets d'un grand dessein, mais les effets du hasard.

58. Il semble que nos actions aient des étoiles heureuses ou malheureuses, à qui elles doivent une grande partie de la louange et du blâme qu'on leur donne.

59. Il n'y a point d'accidents si malheureux dont les habiles gens ne tirent quel-

que avantage, ni de si heureux que les imprudents ne puissent tourner à leur préjudice.

60. La fortune tourne tout à l'avantage de ceux qu'elle favorise.

61. Le bonheur et le malheur des hommes ne dépendent pas moins de leur humeur que de la fortune.

62. La sincérité est une ouverture de cœur. On la trouve en fort peu de gens ; et celle que l'on voit d'ordinaire n'est qu'une fine dissimulation pour attirer la confiance des autres.

63. L'aversion du mensonge est souvent une imperceptible ambition de rendre nos témoignages considérables, et d'attirer à nos paroles un respect de religion.

64. La vérité ne fait pas autant de bien dans le monde que ses apparences y font de mal.

65. Il n'y a point d'éloges qu'on ne donne à la prudence ; cependant quelque grande qu'elle soit, elle ne saurait nous assurer du moindre événement, parce qu'elle s'exerce sur l'homme, qui est le sujet du monde le plus changeant.

66. Un habile homme doit régler le rang de ses intérêts, et les conduire chacun dans son ordre. Notre avidité le trouble souvent, en nous faisant courir à tant de choses à la fois, que pour désirer trop les

moins importantes, on manque les plus considérables.

67. La bonne grâce est au corps ce que le bon sens est à l'esprit.

68. Il est difficile de définir l'amour; ce qu'on en peut dire, est que dans l'âme c'est une passion de régner; dans les esprits, c'est une sympathie; et dans le corps, ce n'est qu'une envie cachée et délicate de posséder ce que l'on aime, après beaucoup de mystères.

69. S'il y a un amour pur et exempt du mélange de nos autres passions, c'est celui qui est caché au fond du cœur, et que nous ignorons nous-mêmes.

70. Il n'y a point de déguisement qui puisse longtemps cacher l'amour où il est, ni le feindre où il n'est pas.

71. Comme on n'est jamais en liberté d'aimer ou de cesser d'aimer, l'amant ne peut pas se plaindre avec justice de l'inconstance de sa maîtresse, ni elle de la légèreté de son amant.

72. Si on juge l'amour par la plupart de ses effets, il ressemble plus à la haine qu'à l'amitié.

73. On peut trouver des femmes qui n'ont jamais eu de galanterie; mais il est rare d'en trouver qui n'en aient jamais eu qu'une.

74. Il n'y a que d'une sorte d'amour,

mais il y en a mille différentes copies.

75. L'amour, aussi bien que le feu, ne peut subsister sans un mouvement continuel, et il cesse de vivre dès qu'il cesse d'espérer ou de craindre.

76. Il en est du véritable amour comme de l'apparition des esprits : Tout le monde en parle, mais peu de gens en ont vu.

77. L'amour prête son nom à un nombre infini de commerces qu'on lui attribue, et où il n'a non plus de part que le doge à ce qui se fait à Venise.

78. L'amour de la justice n'est, en la plupart des hommes, que la crainte de souffrir l'injustice.

79. Le silence est le parti le plus sûr pour celui qui se défie de soi-même.

80. Ce qui nous rend si changeants dans nos amitiés, c'est qu'il est difficile de connaître les qualités de l'âme, et facile de connaître celles de l'esprit.

81. L'amitié la plus désintéressée n'est qu'un commerce où notre amour-propre se propose toujours quelque chose à gagner.

82. La réconciliation avec nos ennemis n'est qu'un désir de rendre notre condition meilleure, une lassitude de la guerre, et une crainte de quelque mauvais événement.

83. Quand nous sommes las d'aimer,

nous sommes bien aises qu'on nous devienne infidèle pour nous dégager de notre fidélité.

84. Il est plus honteux de se défier de ses amis que d'en être trompé.

85. Nous nous persuadons souvent d'aimer les gens plus puissants que nous, et néanmoins c'est l'intérêt seul qui produit notre amitié; nous ne nous donnons pas à eux pour le bien que nous leur voulons faire, mais pour celui que nous voulons en recevoir.

86. Notre défiance justifie la tromperie d'autrui.

87. Comment prétendons-nous qu'un autre garde notre secret, si nous ne pouvons le garder nous-mêmes?

88. L'amour-propre nous augmente ou nous diminue les bonnes qualités de nos amis à proportion de la satisfaction que nous avons d'eux; et nous jugeons de leur mérite par la manière dont ils vivent avec nous.

89. Tout le monde se plaint de sa mémoire, et personne ne se plaint de son jugement.

90. Il n'y en a point qui pressent tant les autres que les paresseux; lorsqu'ils ont satisfait à leur paresse, ils veulent paraître diligents.

91. La plus grande ambition n'en a pas

la moindre apparence, lorsqu'elle se rencontre dans une impossibilité absolue d'arriver où elle aspire.

92. Détromper un homme préoccupé de son mérite, c'est lui rendre un aussi mauvais office que celui que l'on rendit à ce fou d'Athènes qui croyait que tous les vaisseaux qui arrivaient dans le port étaient à lui.

93. Les vieillards aiment à donner de bons préceptes, pour se consoler de n'être plus en état de donner de mauvais exemples.

94. Les grands noms nous abaissent, au lieu d'élever ceux qui ne les savent pas soutenir.

95. La marque d'un mérite extraordinaire est de voir que ceux qui l'envient le plus sont contraints de le louer.

96. C'est une preuve de peu d'amitié, de ne s'apercevoir pas du refroidissement de celle de nos amis.

97. On s'est trompé lorsqu'on a cru que l'esprit et le jugement étaient deux choses : le jugement n'est que la grandeur de la lumière de l'esprit ; cette lumière pénètre le fond des choses ; elle y remarque tout ce qu'il faut remarquer, et aperçoit celles qui semblent imperceptibles. Ainsi il faut demeurer d'accord que c'est l'étendue de la lumière de l'esprit qui produit

tous les effets qu'on attribue au jugement.

98. Chacun dit du bien de son cœur, et personne n'en ose dire de son esprit.

99. La politesse de l'esprit consiste à penser des choses honnêtes et délicates.

100. La galanterie de l'esprit est de dire des choses flatteuses d'une manière agréable.

101. Il arrive souvent que des choses se présentent plus achevées à notre esprit, qu'il ne les pourrait faire avec beaucoup d'art.

102. L'esprit est toujours la dupe du cœur.

103. Tous ceux qui connaissent leur esprit ne connaissent pas leur cœur.

104. Les hommes et les affaires ont leur point de perspective. Il y en a qu'il faut voir de près pour en bien juger, et d'autres dont on ne juge jamais si bien que quand on en est éloigné.

105. Celui-là n'est pas raisonnable à qui le hasard fait trouver la raison; mais celui qui la connaît, qui la discerne et qui la goûte.

106. Pour bien savoir les choses, il en faut savoir le détail; et comme il est presque infini, nos connaissances sont toujours superficielles et imparfaites.

107. C'est une espèce de coquetterie de faire remarquer qu'on n'en fait jamais.

108. L'esprit ne saurait jouer longtemps le personnage de cœur.

109. La jeunesse change ses goûts par l'ardeur du sang, et la vieillesse conserve les siens par l'accoutumance.

110. On ne donne rien si libéralement que ses conseils.

111. Plus on aime une maîtresse, et plus on est près de la haïr.

112. Les défauts de l'esprit augmentent en vieillissant, comme ceux du visage.

113. Il y a de bons mariages ; mais il n'y en a point de délicieux.

114. On ne peut se consoler d'être trompé par ses ennemis et trahi par ses amis, et l'on est souvent satisfait de l'être par soi-même.

115. Il est aussi facile de se tromper soi-même sans s'en apercevoir, qu'il est difficile de tromper les autres sans qu'ils s'en aperçoivent.

116. Rien n'est moins sincère que la manière de demander et de donner des conseils. Celui qui en demande paraît avoir une déférence respectueuse pour les sentiments de son ami, bien qu'il ne pense qu'à lui faire approuver les siens, et à le rendre garant de sa conduite ; et celui qui conseille paye la confiance qu'on lui témoigne d'un zèle ardent et désintéressé, quoiqu'il ne cherche le plus souvent dans

les conseils qu'il donne que son propre intérêt ou sa gloire.

117. La plus subtile de toutes les finesses est de savoir bien feindre de tomber dans les piéges qu'on nous tend, et l'on n'est jamais si aisément trompé que quand on songe à tromper les autres.

118. L'intention de ne jamais tromper nous expose à être souvent trompés.

119. Nous sommes si accoutumés à nous déguiser aux autres, qu'à la fin nous nous déguisons à nous-mêmes.

120. On fait plus souvent des trahisons par faiblesse que par un dessein formé de trahir.

121. On fait souvent du bien pour pouvoir impunément faire du mal.

122. Si nous résistons à nos passions, c'est plus par leur faiblesse que par notre force.

123. On n'aurait guère de plaisirs si l'on ne se flattait jamais.

124. Les plus habiles affectent toute leur vie de blâmer les finesses, pour s'en servir en quelque grande occasion et pour quelque grand intérêt.

125. L'usage ordinaire de la finesse est la marque d'un petit esprit, et il arrive presque toujours que celui qui s'en sert pour se couvrir en un endroit se découvre en un autre.

126. Les finesses et les trahisons ne viennent que de manque d'habileté.

127. Le vrai moyen d'être trompé, c'est de se croire plus fin que les autres.

128. La trop grande subtilité est une fausse délicatesse ; et la véritable délicatesse est une solide subtilité.

129. Il suffit quelquefois d'être grossier pour n'être pas trompé par un habile homme.

130. La faiblesse est le seul défaut qu'on ne saurait corriger.

131. Le moindre défaut des femmes qui se sont abandonnées à faire l'amour, c'est de faire l'amour.

132. Il est plus aisé d'être sage pour les autres, que de l'être pour soi-même.

133. Les seules bonnes copies sont celles qui nous font voir le ridicule des méchants originaux.

134. On n'est jamais si ridicule par les qualités que l'on a que par celles que l'on affecte d'avoir.

135. On est quelquefois aussi différent de soi-même que des autres,

136. Il y a des gens qui n'auraient jamais été amoureux s'ils n'avaient jamais entendu parler de l'amour.

137. On parle peu quand la vanité ne fait pas parler.

138. On aime mieux dire du mal de soi-même que de n'en point parler.

139. Une des choses qui font que l'on trouve si peu de gens qui paraissent raisonnables et agréables dans la conversation, c'est qu'il n'y a presque personne qui ne pense plutôt à ce qu'il veut dire qu'à répondre précisément à ce qu'on lui dit. Les plus habiles et les plus complaisants se contentent de montrer seulement une mine attentive, en même temps que l'on voit dans leurs yeux et dans leur esprit un égarement pour ce qu'on leur dit, et une précipitation pour retourner à ce qu'ils veulent dire ; au lieu de considérer que c'est un mauvais moyen de plaire aux autres ou de les persuader, que de chercher si fort à se plaire à soi-même, et que bien écouter et bien répondre est une des plus grandes perfections qu'on puisse avoir dans la conversation.

140. Un homme d'esprit serait souvent bien embarrassé sans la compagnie des sots.

141. Nous nous vantons souvent de ne nous point ennuyer, nous sommes si glorieux que nous ne voulons pas nous trouver de mauvaise compagnie.

142. Comme c'est le caractère des grands esprits de faire entendre en peu de paroles beaucoup de choses, les petits esprits, au

contraire, ont le don de beaucoup parler et de ne rien dire.

143. C'est plutôt par l'estime de nos propres sentiments que nous exagérons les bonnes qualités des autres, que par l'estime de leur mérite ; et nous voulons nous attirer des louanges lorsqu'il semble que nous leur en donnons.

144. On n'aime point à louer et on ne loue jamais personne sans intérêt. La louange est une flatterie habile, cachée et délicate, qui satisfait différemment celui qui la donne et celui qui la reçoit : l'un la prend comme une récompense de son mérite, l'autre la donne pour faire remarquer son équité et son discernement.

145. Nous choisissons souvent des louanges empoisonnées, qui font voir par contre-coup en ceux que nous louons des défauts que nous n'osons découvrir d'une autre sorte.

146. On ne loue d'ordinaire que pour être loué.

147. Peu de gens sont assez sages pour préférer le blâme qui leur est utile à la louange qui les trahit.

148. Il y a des reproches qui louent, et des louanges qui médisent.

149. Le refus de la louange est un désir d'être loué deux fois.

150. Le désir de mériter les louanges

qu'on nous donne fortifie notre vertu ; et celles qu'on donne à l'esprit, à la valeur et à la beauté contribuent à les augmenter.

151. Il est plus difficile de s'empêcher d'être gouverné que de gouverner les autres.

152. Si nous ne nous flattions point nous-mêmes, la flatterie des autres ne nous pourrait nuire.

153. La nature fait le mérite, et la fortune le met en œuvre.

154. La fortune nous corrige de plusieurs défauts que la raison ne saurait corriger.

155. Il y a des gens dégoûtants avec du mérite, et d'autres qui plaisent avec des défauts.

156. Il y a des gens dont tout le mérite consiste à dire et à faire des sottises utilement, et qui gâteraient tout s'ils changeaient de conduite.

157. La gloire des hommes se doit toujours mesurer aux moyens dont ils se sont servis pour l'acquérir.

158. Les rois font des hommes comme des pièces de monnaie : ils les font valoir ce qu'ils veulent, et l'on est forcé de les recevoir selon leur cours, et non pas selon leur véritable prix.

159. Ce n'est pas assez d'avoir de grandes qualités ; il en faut avoir l'économie.

160. Quelque éclatante que soit une ac-

tion, elle ne doit pas passer pour grande lorsqu'elle n'est pas l'effet d'un grand dessein.

161. Il doit y avoir une certaine proportion entre les actions et les desseins, si on en veut tirer tous les effets qu'elles peuvent produire.

162. L'art de savoir bien mettre en œuvre de médiocres qualités dérobe l'estime et donne souvent plus de réputation que le véritable mérite.

163. Il y a une infinité de conduites qui paraissent ridicules, et dont les raisons cachées sont très-sages et très-solides.

164. Il est plus facile de paraître digne des emplois qu'on n'a pas que de ceux qu'on exerce.

165. Notre mérite nous attire l'estime des honnêtes gens, et notre étoile celle du public.

166. Le monde récompense plus souvent les apparences du mérite que le mérite même.

167. L'avarice est plus opposée à l'économie que la libéralité.

168. L'espérance, toute trompeuse qu'elle est, sert au moins à nous mener à la fin de la vie par un chemin agréable.

169. Pendant que la paresse et la timidité nous retiennent dans notre devoir, notre vertu en a souvent tout l'honneur.

170. Il est difficile de démêler si un procédé net, sincère et honnête est un effet de probité ou d'habileté.

171. Les vertus se perdent dans l'intérêt, comme les fleuves se perdent dans la mer.

172. Si on examine bien les divers effets de l'ennui, on trouvera qu'il fait manquer à plus de devoirs que l'intérêt.

173. Il y a diverses sortes de curiosité ; l'une d'intérêt qui nous porte à désirer d'apprendre ce qui nous peut être utile ; et l'autre d'orgueil, qui vient du désir de savoir ce que les autres ignorent.

174. Il vaut mieux employer notre esprit à supporter les infortunes qui nous arrivent qu'à prévoir celles qui nous peuvent arriver.

175. La constance en amour est une inconstance perpétuelle, qui fait que notre cœur s'attache successivement à toutes les qualités de la personne que nous aimons, donnant tantôt la préférence à l'une, tantôt à l'autre ; de sorte que cette constance n'est qu'une inconstance arrêtée et renfermée dans un même sujet.

176. Il y a deux sortes de constances en amour : l'une vient de ce que l'on trouve sans cesse dans la personne que l'on aime de nouveaux sujets d'aimer, et l'autre vient de ce qu'on se fait un honneur d'être constant.

177. Il n'y a guère de gens qui ne soient honteux de s'être aimés, quand ils ne s'aiment plus.

178. Nous ne pouvons rien aimer que par rapport à nous, et nous ne faisons que suivre notre goût et notre plaisir quand nous préférons nos amis à nous-mêmes : c'est néanmoins par cette préférence seule que l'amitié peut être vraie et parfaite.

179. Le premier mouvement de joie que nous avons du bonheur de nos amis ne vient pas toujours de la bonté de notre naturel, ni de l'amitié que nous avons pour eux : c'est le plus souvent un effet de l'amour-propre, qui nous flatte de l'espérance d'être heureux à notre tour, ou de retirer quelque utilité de leur bonne fortune.

180. Les hommes ne vivraient pas longtemps en société s'ils n'étaient les dupes les uns des autres.

181. La persévérance n'est digne ni de blâme, ni de louange, parce qu'elle n'est que la durée des goûts et des sentiments qu'on ne s'ôte et qu'on ne se donne point.

182. Ce qui nous fait aimer les nouvelles connaissances n'est pas tant la lassitude que nous avons des vieilles, ou le plaisir de changer, que le dégoût de n'être pas assez admirés de ceux qui nous connaissent

trop, et l'espérance de l'être davantage de ceux qui ne nous connaissent pas tant.

183. Nous nous plaignons quelquefois légèrement de nos amis pour justifier par avance notre légèreté.

184. Notre repentir n'est pas tant un regret du mal que nous avons fait, qu'une crainte de celui qui nous en peut arriver.

185. Il y a une inconstance qui vient de la légèreté de l'esprit ou de sa faiblesse, qui lui fait recevoir toutes les opinions d'autrui : il y en a une autre qui est plus excusable, qui vient du dégoût des choses.

186. Les vices entrent dans la composition des vertus, comme les poisons entrent dans la composition des remèdes. La prudence les assemble et les tempère, et elle s'en sert utilement contre les maux de la vie.

187. Il faut demeurer d'accord, à l'honneur de la vertu, que les plus grands malheurs des hommes sont ceux où ils tombent par leurs crimes.

188. Il y a des crimes qui deviennent innocents et même glorieux par leur éclat, leur nombre et leurs excès. De là vient que les voleries publiques sont des habiletés et que prendre des provinces injustement s'appelle faire des conquêtes.

189. Nous avouons nos défauts pour réparer par notre sincérité le tort qu'ils nous font dans l'esprit des autres.

190. Il y a des héros en mal comme en bien.

191. On ne méprise pas tous ceux qui ont des vices; mais on méprise tous ceux qui n'ont aucune vertu.

192. Le nom de la vertu sert à l'intérêt aussi utilement que les vices.

193. La santé de l'âme n'est pas plus assurée que celle du corps; et, quoique l'on paraisse éloigné des passions, on n'est pas moins en danger de s'y laisser emporter que de tomber malade quand on se porte bien.

194. Il semble que la nature ait prescrit à chaque homme, dès sa naissance, des bornes pour les vertus et pour les vices.

195. Il n'appartient qu'aux grands hommes d'avoir de grands défauts.

196. On peut dire que les vices nous attendent dans le cours de la vie, comme des hôtes chez qui il faut successivement loger; et je doute que l'expérience nous les fît éviter s'il nous était permis de faire deux fois le même chemin.

197. Quand les vices nous quittent, nous nous flattons de la créance que c'est nous qui les quittons.

198. Il y a des rechutes dans les maladies

de l'âme comme dans celles du corps. Ce que nous prenons pour notre guérison n'est le plus souvent qu'un relâche ou un changement de mal.

199. Les défauts de l'âme sont comme les blessures du corps : quelque soin qu'on prenne de les guérir, la cicatrice paraît toujours, et elles sont à tout moment en danger de se rouvrir.

200. Ce qui nous empêche souvent de nous abandonner à un seul vice est que nous en avons plusieurs.

201. Nous oublions aisément nos fautes, lorsqu'elles ne sont sues que de nous.

202. Il y a des gens de qui l'on peut ne jamais croire du mal sans l'avoir vu, mais il n'y en a point de qui il nous doive surprendre en le voyant.

203. Nous élevons la gloire des uns pour abaisser celle des autres : et quelquefois on louerait moins M. le Prince et M. de Turenne si on ne les voulait point blâmer tous deux.

204. Le désir de paraître habile empêche souvent de le devenir.

205. La vertu n'irait pas si loin si la vanité ne lui tenait compagnie.

206. Celui qui croit pouvoir trouver en soi-même de quoi se passer de tout le monde se trompe fort, mais celui qui croit

qu'on ne peut se passer de lui se trompe encore davantage.

207. Les faux honnêtes gens sont ceux qui déguisent leurs défauts aux autres et à eux-mêmes. Les vrais honnêtes gens sont ceux qui les connaissent parfaitement et les confessent.

208. Le vrai honnête homme est celui qui ne se pique de rien.

209. La sévérité des femmes est un ajustement et un fard qu'elles ajoutent à leur beauté.

210. L'honnêteté des femmes est souvent l'amour de leur réputation et de leur repos.

211. C'est être véritablement honnête homme que de vouloir être toujours exposé à la vue des honnêtes gens.

212. La folie nous suit dans tous les temps de la vie. Si quelqu'un paraît sage, c'est seulement parce que ses folies sont proportionnées à son âge et à sa fortune.

213. Il y a des gens niais qui se connaissent et qui emploient habilement leur niaiserie.

214. Qui vit sans folie n'est pas si sage qu'il le croit.

215. En vieillissant, on devient plus fou et plus sage.

216. Il y a des gens qui ressemblent aux

vaudevilles, qu'on ne chante qu'un certain temps.

217. La plupart des gens ne jugent des hommes que par la vogue qu'ils ont, ou par leur fortune.

218. L'amour de la gloire, la crainte de la honte, le dessein de faire fortune, le désir de rendre notre vie commode et agréable, et l'envie d'abaisser les autres, sont souvent les causes de cette valeur si célèbre parmi les hommes.

219 La valeur est, dans les simples soldats, un métier périlleux, qu'ils ont pris pour gagner leur vie.

220. La parfaite valeur et la poltronnerie complète sont deux extrémités où l'on arrive rarement. L'espace qui est entre deux est vaste, et contient toutes les autres espèces de courage. Il n'y a pas moins de différence entre elles qu'entre les visages et les humeurs. Il y a des hommes qui s'exposent volontiers au commencement d'une action, et qui se relâchent et se rebutent aisément par sa durée. Il y en a qui sont contents quand ils ont satisfait à l'honneur du monde, et qui font fort peu de chose au delà. On en voit qui ne sont pas toujours également maîtres de leur peur. D'autres se laissent quelquefois entraîner à des terreurs générales ; d'autres vont à la charge parce qu'ils n'osent demeurer

dans leurs postes. Il s'en trouve à qui l'habitude des moindres périls affermit le courage et les prépare à s'exposer à de plus grands. Il y en a qui sont braves l'épée à la main, et qui craignent les coups de mousquet ; d'autres sont assurés aux coups de mousquet et appréhendent de se battre à l'épée. Tous ces courages de différentes espèces conviennent en ce que la nuit augmentant la crainte et cachant les bonnes et les mauvaises actions, elle donne la liberté de se ménager. Il y a encore un autre ménagement plus général : car on ne voit point d'homme qui fasse tout ce qu'il serait capable de faire dans une occasion, s'il était assuré d'en revenir; de sorte qu'il est visible que la crainte de la mort diminue quelque chose de la valeur.

221. La parfaite valeur est de faire sans témoins ce qu'on serait capable de faire devant tout le monde.

222. L'intrépidité est une force extraordinaire de l'âme qui l'élève au-dessus des troubles, des désordres et des émotions que la vue des grands périls pourrait exciter en elle : c'est par cette force que les héros se maintiennent en un état paisible et conservent l'usage libre de leur raison dans les accidents les plus surprenants et les plus terribles.

223. L'hypocrisie est un hommage que le vice rend à la vertu.

224. La plupart des hommes s'exposent assez dans la guerre pour sauver leur honneur; mais peu se veulent toujours exposer autant qu'il est nécessaire pour faire réussir le dessein pour lequel ils s'exposent.

225. La vanité, la honte et surtout le tempérament font souvent la valeur des hommes et la vertu des femmes.

226. On ne veut point perdre la vie, et on veut acquérir de la gloire; ce qui fait que les braves ont plus d'adresse et d'esprit pour éviter la mort que les gens de chicane n'en ont pour conserver leur bien.

227. Il n'y a guère de personnes qui, dans le premier penchant de l'âge, ne fassent connaître par où leur corps et leur esprit doivent défaillir.

228. Nous plaisons plus souvent dans le commerce de la vie par nos défauts que par nos bonnes qualités.

229. Tel homme est ingrat, qui est moins coupable de son ingratitude que celui qui lui a fait du bien.

230. Il en est de la reconnaissance comme de la bonne foi des marchands : elle entretient le commerce; et souvent nous ne payons pas parce qu'il est juste de nous acquitter, mais pour trouver plus

facilement des gens qui nous prêtent.

231. Tous ceux qui s'acquittent des devoirs de la reconnaissance ne peuvent pas pour cela se flatter d'être reconnaissants.

232. Ce qui fait le mécompte dans la reconnaissance qu'on attend des grâces que l'on a faites, c'est que l'orgueil de celui qui donne et l'orgueil de celui qui reçoit ne peuvent convenir du prix du bienfait.

233. Le trop grand empressement qu'on a de s'acquitter d'une obligation est une espèce d'ingratitude.

234. On donne plus aisément des bornes à sa reconnaissance qu'à ses espérances et qu'à ses désirs

235. L'orgueil ne veut pas devoir, et l'amour-propre ne veut pas payer.

236. Le bien que nous avons reçu de quelqu'un veut que nous respections le mal qu'il nous fait.

237. Rien n'est si contagieux que l'exemple, et nous ne faisons jamais de grands biens ni de grands maux qui n'en produisent de semblables. Nous imitons les bonnes actions par émulation, et les mauvaises par la malignité de notre nature, que la honte retenait prisonnière et que l'exemple met en liberté.

238. C'est une grande folie de vouloir être sage tout seul.

239. Quelque prétexte que nous donnions

à nos afflictions, ce n'est souvent que l'intérêt et la vanité qui les causent.

240. Il y a, dans les afflictions, diverses sortes d'hypocrisie. Dans l'une, sous prétexte de pleurer la perte d'une personne qui nous est chère, nous nous pleurons nous-mêmes ; nous pleurons la diminution de notre bien, de notre plaisir, de notre considération : nous regrettons la bonne opinion qu'on avait de nous. Ainsi les morts ont l'honneur des larmes qui ne coulent que pour les vivants. Je dis que c'est une espèce d'hypocrisie, parce que, dans ces sortes d'afflictions, on se trompe soi-même. Il y a une autre hypocrisie qui n'est pas si innocente, parce qu'elle impose à tout le monde : c'est l'affliction de certaines personnes qui aspirent à la gloire d'une belle et immortelle douleur. Après que le temps qui consume tout a fait cesser celle qu'elles avaient en effet, elles ne laissent pas d'opiniâtrer leurs pleurs, leurs plaintes et leurs soupirs ; elles prennent un personnage lugubre, et travaillent à persuader, par toutes leurs actions, que leur déplaisir ne finira qu'avec leur vie. Cette triste et fatigante vanité se trouve d'ordinaire dans les femmes ambitieuses. Comme leur sexe leur ferme tous les chemins qui mènent à la gloire, elles s'efforcent de se rendre célèbres par

la montre d'une inconsolable affliction. Il y a encore une autre espèce de larmes qui n'ont que de petites sources, qui coulent et se tarissent facilement : on pleure pour avoir la réputation d'être tendre ; on pleure pour être plaint ; on pleure pour être pleuré ; enfin on pleure pour éviter la honte de ne pleurer pas.

241. Dans l'adversité de nos meilleurs amis, nous trouvons souvent quelque chose qui ne nous déplaît pas.

242. Nous nous consolons aisément des disgrâces de nos amis lorsqu'elles servent à signaler notre tendresse pour eux.

243. Il semble que l'amour-propre soit la dupe de la bonté, et qu'il s'oublie lui-même lorsque nous travaillons pour l'avantage des autres. Cependant c'est prendre le chemin le plus assuré pour arriver à ses fins ; c'est prêter à usure sous prétexte de donner ; c'est enfin s'acquérir tout le monde par un moyen subtil et délicat.

244. Nul ne mérite d'être loué de sa bonté, s'il n'a pas la force d'être méchant : toute autre bonté n'est le plus souvent que paresse ou impuissance de la volonté.

245. Il n'est pas si dangereux de faire du mal à la plupart des hommes, que de leur faire trop de bien.

246. Rien ne flatte plus notre orgueil que la confiance des grands, parce que nous la

regardons comme un effet de notre mérite, sans considérer qu'elle ne vient le plus souvent que de vanité ou d'impuissance de garder le secret.

247. On peut dire de l'agrément séparé de la beauté, que c'est une symétrie dont on ne sait point les règles, et un rapport secret des traits ensemble et des traits avec les couleurs et l'air de la personne.

248. La coquetterie est le fonds et l'humeur des femmes; mais toutes ne la mettent pas en pratique, parce que la coquetterie de quelques-unes est retenue par la crainte ou par la raison.

249. On incommode souvent les autres, quand on croit ne les pouvoir jamais incommoder.

250. Il s'en faut [illegible]n que nous connaissions toutes nos [illegible]lontés.

251. Rien n'est impossible: il y a des voies qui conduisent à toutes choses; et si nous avions assez de volonté, nous aurions toujours assez de moyens.

252. La souveraine habileté consiste à bien connaître le prix des choses.

253. C'est une grande habileté que de savoir cacher son habileté.

254. Ce qui paraît générosité n'est souvent qu'une ambition déguisée, qui méprise de petits intérêts pour aller à de plus grands.

255. La fidélité qui paraît en la plupart des hommes n'est qu'une invention de l'amour-propre pour attirer la confiance ; c'est un moyen de nous élever au-dessus des autres et de nous rendre dépositaires des choses les plus importantes.

256. La magnanimité méprise tout pour avoir tout.

257. Il n'y a pas moins d'éloquence dans le ton de la voix, dans les yeux et dans l'air de la personne qui parle, que dans le choix des paroles.

258. La véritable éloquence consiste à dire tout ce qu'il faut, et à ne dire que ce qu'il faut.

259. Il y a des personnes à qui les défauts siéent bien, et d'autres qui sont disgraciées par leurs bonnes qualités.

260. Il est aussi ordinaire de voir changer les goûts qu'il est extraordinaire de voir changer les inclinations.

261. L'intérêt met en œuvre toutes sortes de vertus et de vices.

262. L'humilité n'est souvent qu'une feinte soumission dont on se sert pour soumettre les autres : c'est un artifice de l'orgueil qui s'abaisse pour s'élever ; et, bien qu'il se transforme en mille manières, il n'est jamais mieux déguisé et plus capable de tromper que lorsqu'il se cache sous la figure de l'humilité.

263. Tous les sentiments ont chacun un ton de voix, des gestes et des mines qui leur sont propres; et ce rapport bon ou mauvais, agréable ou désagréable, est ce qui fait que les personnes plaisent ou déplaisent.

264. Dans toutes les professions, chacun affecte une mine et un extérieur pour paraître ce qu'il veut qu'on le croie. Ainsi on peut dire que le monde n'est composé que de mines.

265. La gravité est un mystère du corps inventé pour cacher les défauts de l'esprit.

266. La flatterie est une fausse monnaie qui n'a de cours que par notre vanité.

267. Le plaisir de l'amour est d'aimer, et l'on est plus heureux par la passion que l'on a que par celle que l'on donne.

268. La civilité est un désir d'en recevoir, et d'être estimé poli.

269 L'éducation que l'on donne d'ordinaire aux jeunes gens est un second amour-propre qu'on leur inspire.

270. Il n'y a point de passion où l'amour de soi-même règne si puissamment que dans l'amour, et l'on est souvent plus disposé à sacrifier le repos de ce qu'on aime qu'à perdre le sien.

271 Ce qu'on nomme libéralité n'est le plus souvent que la vanité de donner,

que nous aimons mieux que ce que nous donnons.

272. La pitié est souvent un sentiment de nos propres maux dans les maux d'autrui. C'est une habile prévoyance des malheurs où nous pouvons tomber. Nous donnons du secours aux autres pour les engager à nous en donner en de semblables occasions, et ces services que nous leur rendons sont, à proprement parler, un bien que nous nous faisons à nous-mêmes par avance.

273. La petitesse de l'esprit fait l'opiniâtreté : nous ne croyons pas aisément ce qui est au delà de ce que nous voyons.

274. C'est se tromper que de croire qu'il n'y ait que les violentes passions, comme l'ambition et l'amour, qui puissent triompher des autres. La paresse, toute languissante qu'elle est, ne laisse pas d'en être souvent la maîtresse; elle usurpe sur tous les desseins et sur toutes les actions de la vie, elle y détruit et y consume insensiblement les passions et les vertus.

275. La promptitude à croire le mal, sans l'avoir assez examiné, est un effet de l'orgueil et de la paresse. On veut trouver des coupables, et l'on ne veut pas se donner la peine d'examiner les crimes.

276. Nous récusons des juges pour les plus petits intérêts, et nous voulons bien que notre réputation et notre gloire dépen-

dent du jugement des hommes, qui nous sont tous contraires, ou par leur jalousie, ou par leur préoccupation, ou par leur peu de lumières : ce n'est que pour les faire prononcer en notre faveur que nous exposons en tant de manières notre repos et notre vie.

277. Il n'y a guère d'homme assez habile pour connaître tout le mal qu'il fait.

278. L'honneur acquis est caution de celui qu'on doit acquérir.

279. La jeunesse est une ivresse continuelle; c'est la fièvre de la raison.

280. On aime à deviner les autres, mais on n'aime pas à être deviné.

281. Il y a des gens qu'on approuve dans le monde, qui n'ont pour tout mérite que les vices qui servent au commerce de la vie.

282. C'est une ennuyeuse maladie que de conserver sa santé par un trop grand régime.

283. Le bon naturel, qui se vante d'être si sensible, est souvent étouffé par le moindre intérêt.

284. L'absence diminue les médiocres passions, et augmente les grandes, comme le vent éteint les bougies et allume le feu.

285. Les femmes croient souvent aimer, encore qu'elles n'aiment pas : l'occupation

d'une intrigue, l'émotion d'esprit que donne la galanterie, la pente naturelle au plaisir d'être aimées, et la peine de refuser, leur persuadent qu'elles ont de la passion lorsqu'elles n'ont que de la coquetterie.

286. Ce qui fait qu'on est souvent mécontent de ceux qui négocient, est qu'ils abandonnent presque toujours l'intérêt de leurs amis pour l'intérêt du succès de la négociation, qui devient le leur par l'honneur d'avoir réussi à ce qu'ils avaient entrepris.

287. Quand nous exagérons la tendresse que nos amis ont pour nous, c'est souvent moins par reconnaissance que par le désir de faire juger de notre mérite.

288. L'approbation que l'on donne à ceux qui entrent dans le monde vient souvent de l'envie secrète que l'on porte à ceux qui y sont établis.

289. L'orgueil, qui nous inspire tant d'envie, nous sert souvent aussi à la modérer.

290. Il y a des faussetés déguisées qui représentent si bien la vérité, que ce serait mal juger que de ne s'y pas laisser tromper.

291. Il n'y a pas quelquefois moins d'habileté à savoir profiter du bon conseil, qu'à se bien conseiller soi-même.

292. Il y a des méchants qui seraient

moins dangereux s'ils n'avaient aucune bonté.

293. La magnanimité est assez bien définie par son nom même : néanmoins on pourrait dire que c'est le bon sens de l'orgueil, et la voie la plus noble pour recevoir des louanges.

294. Il est impossible d'aimer une seconde fois ce qu'on a véritablement cessé d'aimer.

295. C'est moins la fertilité de l'esprit qui nous fait trouver plusieurs expédients sur une même affaire, que ce n'est le défaut de lumière qui nous fait arrêter à tout ce qui se présente à notre imagination, et qui nous empêche de discerner d'abord ce qui est le meilleur.

296. Il y a des affaires et des maladies que les remèdes aigrissent en certain temps, et la grande habileté consiste à connaître quand il est dangereux d'en user.

297. La simplicité affectée est une imposture délicate.

298. Il y a plus de défauts dans l'humeur que dans l'esprit.

299. Le mérite des hommes a sa saison, aussi bien que les fruits.

300. On peut dire de l'humeur des hommes comme de la plupart des bâtiments, qu'elle a diverses faces, les unes agréables, et les autres désagréables.

301. La modération ne peut avoir le mérite de combattre l'ambition et de la soumettre : elles ne se trouvent jamais ensemble. La modération est la langueur et la paresse de l'âme, comme l'ambition en est l'activité et l'ardeur.

302. Nous aimons toujours ceux qui nous admirent, et nous n'aimons pas toujours ceux que nous admirons.

303. Il est difficile d'aimer ceux que nous n'estimons point ; mais il ne l'est pas moins d'aimer ceux que nous estimons beaucoup plus que nous.

304. Les humeurs du corps ont un cours ordinaire et réglé qui meut et tourne imperceptiblement notre volonté : elles roulent ensemble et exercent successivement un empire secret en nous ; de sorte qu'elles ont une part considérable à toutes nos actions, sans que nous le puissions connaître.

305. La reconnaissance dans la plupart des hommes n'est qu'une forte et secrète envie de recevoir de plus grands bienfaits.

306. Presque tout le monde prend plaisir à s'acquitter des petites obligations : beaucoup de gens ont de la reconnaissance pour les médiocres ; mais il n'y a presque personne qui n'ait de l'ingratitude pour les grandes.

307. Il y a des folies qui se prennent comme les maladies contagieuses.

308. Assez de gens méprisent le bien; mais peu savent le donner.

309. Ce n'est d'ordinaire que dans de petits intérêts que nous prenons le hasard de ne pas croire aux apparences.

310. Quelque bien qu'on nous dise de nous, on ne nous apprend rien de nouveau.

311. Nous pardonnons souvent à ceux qui nous ennuient; mais nous ne pouvons pardonner à ceux que nous ennuyons.

312. L'intérêt, que l'on accuse de tous nos crimes, mérite souvent d'être loué de nos bonnes actions.

313. On ne trouve guère d'ingrats, tant qu'on est en état de faire du bien.

314. Il est aussi honnête d'être glorieux avec soi-même, qu'il est aussi ridicule de l'être avec les autres.

315. On a fait une vertu de la modération, pour borner l'ambition des grands hommes, et pour consoler les gens médiocres de leur peu de fortune et de leur peu de mérite.

316. Il y a des gens destinés à être sots, qui ne font pas seulement des sottises par leur choix, mais que la fortune même contraint d'en faire.

317 Il arrive quelquefois des accidents

dans la vie, d'où il faut être un peu fou pour se bien tirer.

318. S'il y a des hommes dont le ridicule n'ait jamais paru, c'est qu'on ne l'a pas bien cherché.

319. Ce qui fait que les amants et les maîtresses ne s'ennuient point d'être ensemble, c'est qu'ils parlent toujours d'eux-mêmes.

320. Pourquoi faut-il que nous ayons assez de mémoire pour retenir jusqu'aux moindres particularités de ce qui nous est arrivé, et que nous n'en ayons pas assez pour nous souvenir combien de fois nous les avons contées à la même personne?

321. L'extrême plaisir que nous prenons à parler de nous-mêmes nous doit faire craindre de n'en donner guère à ceux qui nous écoutent.

322. Ce qui nous empêche d'ordinaire de faire voir le fond de notre cœur à nos amis n'est pas tant la défiance que nous avons d'eux, que celle que nous avons de nous-mêmes.

323. Les personnes faibles ne peuvent être sincères.

324. Ce n'est pas un grand malheur d'obliger des ingrats ; mais c'en est un insupportable d'être obligé à un malhonnête homme.

325. On trouve des moyens pour guérir

de la folie, mais on n'en trouve point pour redresser un esprit de travers.

326. On ne saurait conserver longtemps les sentiments qu'on doit avoir pour ses amis et pour ses bienfaiteurs, si on se laisse la liberté de parler souvent de leurs défauts.

327. Louer les princes des vertus qu'ils n'ont pas, c'est leur dire impunément des injures.

328. Nous sommes plus près d'aimer ceux qui nous haïssent, que ceux qui nous aiment plus que nous ne voulons.

329. Il n'y a que ceux qui sont méprisables qui craignent d'être méprisés.

330. Notre sagesse n'est pas moins à la merci de la fortune que nos biens.

331. Il y a dans la jalousie plus d'amour-propre que d'amour.

332. Nous nous consolons souvent par faiblesse des maux dont la raison n'a pas la force de nous consoler.

333. Le ridicule déshonore plus que le déshonneur.

334. Nous n'avouons de petits défauts que pour persuader que nous n'en avons pas de grands.

335. L'envie est plus irréconciliable que la haine.

336. On croit quelquefois haïr la flatterie; mais on ne hait que la manière de flatter.

337. On pardonne tant que l'on aime.

338. Il est plus difficile d'être fidèle à sa maîtresse quand on est heureux, que quand on en est maltraité.

339. Les femmes ne connaissent pas toute leur coquetterie.

340. Les femmes n'ont point de sévérité complète sans aversion.

341. Les femmes peuvent moins surmonter leur coquetterie que leurs passions.

342. Dans l'amour, la tromperie va presque toujours plus loin que la méfiance.

343. Il y a une certaine sorte d'amour dont l'excès empêche la jalousie.

344. Il en est de certaines bonnes qualités comme des sens ; ceux qui en sont entièrement privés ne peuvent ni les apercevoir, ni les comprendre.

345. Lorsque notre haine est trop vive, elle nous met au-dessous de ceux que nous haïssons.

346. Nous ne ressentons nos biens et nos maux qu'à proportion de notre amour-propre.

347. L'esprit de la plupart des femmes sert plus à fortifier leur folie que leur raison.

348. Les passions de la jeunesse ne sont guère plus opposées au salut que la tiédeur des vieilles gens.

349. L'accent du pays où l'on est né de-

meure dans l'esprit et dans le cœur, comme dans le langage.

350. Pour être un grand homme il faut savoir profiter de toute sa fortune.

351. La plupart des hommes ont, comme les plantes, des propriétés cachées que le hasard fait découvrir.

352. Les occasions nous font connaître aux autres, et encore plus à nous-mêmes.

353. Il ne peut y avoir de règle dans l'esprit ni dans le cœur des femmes, si le tempérament n'en est d'accord.

354. Nous ne trouvons guère de gens de bon sens que ceux qui sont de notre avis.

355. Quand on aime, on doute souvent de ce qu'on croit le plus.

356 Le plus grand miracle de l'amour, c'est de guérir de la coquetterie.

357. Ce qui nous donne tant d'aigreur contre ceux qui nous font des finesses, c'est qu'ils croient être plus habiles que nous.

358. On a bien de la peine à rompre quand on ne s'aime plus.

359. On s'ennuie presque toujours avec les gens avec qui il n'est pas permis de s'ennuyer.

360. Un honnête homme peut être amoureux comme un fou, mais non pas comme un sot.

361. Il y a de certains défauts qui bien

mis en œuvre brillent plus que la vertu même.

362. On perd quelquefois des personnes qu'on regrette plus qu'on n'en est affligé, et d'autres dont on est affligé, et qu'on ne regrette guère.

363. Nous ne louons d'ordinaire de bon cœur que ceux qui nous admirent.

364. Les petits esprits sont blessés des petites choses ; les grands esprits les voient toutes, et n'en sont point blessés.

365. L'humilité est la véritable preuve des vertus chrétiennes : sans elle nous conservons tous nos défauts, et ils sont seulement couverts par l'orgueil, qui les cache aux autres et souvent à nous-mêmes.

366. La justice n'est le plus souvent qu'une vive appréhension qu'on ne nous ôte ce qui nous appartient ; de là vient cette considération et ce respect pour tous les intérêts du prochain, et cette scrupuleuse application à ne lui faire aucun préjudice. Cette crainte retient l'homme dans les bornes des biens que la naissance ou la fortune lui ont donnés ; et sans cette crainte, il ferait des courses continuelles sur les autres.

367. La justice dans les juges qui sont modérés n'est que l'amour de leur élévation.

368. On blâme l'injustice, non par l'aver-

sion que l'on a pour elle, mais pour le préjudice que l'on en reçoit.

369. La modération dans la bonne fortune n'est d'ordinaire que l'appréhension de la honte qui suit l'emportement, ou la peur de perdre ce qu'on a.

370. La modération est comme la sobriété : on voudrait bien manger davantage, mais on craint de se faire mal.

371. Chacun trouve à redire en autrui ce qu'on trouve à redire en lui.

372. C'est une espèce de bonheur que de connaître à quel point on doit être malheureux.

373. Les gens heureux ne se corrigent guère; ils croient toujours avoir raison quand la fortune soutient leur mauvaise conduite.

374. La grâce de la nouveauté est à l'amour ce que la fleur est sur les fruits; elle y donne un lustre qui s'efface aisément et qui ne revient jamais.

375. La plupart des jeunes gens croient être naturels, lorsqu'ils ne sont que mal polis et grossiers.

376. Les esprits médiocres condamnent d'ordinaire tout ce qui passe leur portée.

377. C'est plus souvent par orgueil que par défaut de lumières qu'on s'oppose avec tant d'opiniâtreté aux opinions les plus suivies : on trouve les premières places

prises dans le bon parti, et l'on ne veut point des dernières.

378. Le bon goût vient plus du jugement que de l'esprit.

379. Rien ne devrait plus humilier les hommes qui ont mérité de grandes louanges que les soins qu'ils prennent encore de se faire valoir par de petites choses.

380. Il faudrait pouvoir répondre de sa fortune, pour pouvoir répondre de ce qu'on fera à l'avenir.

381. Les infidélités devraient éteindre l'amour, et il ne faudrait point être jaloux quand on a sujet de l'être. Il n'y a que les personnes qui évitent de donner de la jalousie qui soient dignes qu'on en ait pour elles.

382. On se décrie beaucoup plus auprès de nous par les moindres infidélités qu'on nous fait, que par les plus grandes qu'on fait aux autres.

383. La jalousie naît toujours avec l'amour; mais elle ne meurt pas toujours avec lui.

384. La plupart des femmes ne pleurent pas tant la mort de leurs amants pour les avoir aimés, que pour paraître plus dignes d'être aimées.

385. Les violences qu'on nous fait nous font souvent moins de peine que celles que nous nous faisons à nous-mêmes.

386. On sait assez qu'il ne faut guère parler de sa femme ; mais on ne sait pas assez qu'on devrait encore moins parler de soi.

387. Il y a de bonnes qualités qui dégénèrent en défauts, quand elles sont naturelles, et d'autres qui ne sont jamais parfaites, quand elles sont acquises. Il faut, par exemple, que la raison nous rende ménagers de notre bien et de notre confiance, et il faut au contraire que la nature nous donne la bonté et la valeur.

388. Quelque défiance que nous ayons de la sincérité de ceux qui nous parlent, nous croyons toujours qu'ils nous disent plus vrai qu'aux autres.

389. Il y a peu d'honnêtes femmes qui ne soient lasses de leur métier.

390. La plupart des honnêtes femmes sont des trésors cachés, qui ne sont en sûreté que parce qu'on ne les cherche pas.

391. Les violences qu'on se fait pour s'empêcher d'aimer sont souvent plus cruelles que les rigueurs de ce qu'on aime.

392. Il n'y a guère de poltrons qui connaissent toujours toute leur peur.

393. C'est presque toujours la faute de celui qui aime, de ne pas connaître quand on cesse de l'aimer.

394. On craint toujours de voir ce qu'on aime, quand on vient de faire des coquetteries ailleurs.

395. Il y a de certaines larmes qui nous trompent souvent nous-mêmes, après avoir trompé les autres.

396. Si l'on croit aimer sa maîtresse pour l'amour d'elle, on est bien trompé.

397. On doit se consoler de ses fautes, quand on a la force de les avouer.

398. L'envie est détruite par la véritable amitié, et la coquetterie par le véritable amour.

399. Le plus grand défaut de la pénétration n'est pas de n'aller point jusqu'au but, c'est de le passer.

400. On donne des conseils, mais on n'inspire point de conduite.

401. Quand notre mérite baisse, notre goût baisse aussi.

402. La fortune fait paraître nos vertus et nos vices, comme la lumière fait paraître les objets.

403. La violence qu'on se fait pour demeurer fidèle à ce qu'on aime, ne vaut guère mieux qu'une infidélité.

404. Nos actions sont comme les bouts-rimés que chacun fait rapporter à ce qui lui plaît.

405. L'envie de parler de nous et de faire voir nos défauts du côté que nous voulons

bien les montrer, fait une grande partie de notre sincérité.

406. On ne devrait s'étonner que de pouvoir encore s'étonner.

407. On est presque également difficile à contenter quand on a beaucoup d'amour, et quand on n'en a plus guère.

408. Il n'y a point de gens qui aient plus souvent tort que ceux qui ne peuvent souffrir d'en avoir.

409. Un sot n'a pas assez d'étoffe pour être bon.

410. Si la vanité ne renverse pas entièment les vertus, du moins elle les ébranle toutes.

411. Ce qui nous rend la vanité des autres insupportable, c'est qu'elle blesse la nôtre.

412. On renonce plus aisément à son intérêt qu'à son goût.

413. La fortune ne paraît jamais si aveugle qu'à ceux à qui elle ne fait pas de bien.

414. Il faut gouverner la fortune comme la santé; en jouir quand elle est bonne, prendre patience quand elle est mauvaise, et ne faire jamais de grands remèdes sans un extrême besoin.

415. L'air bourgeois se perd quelquefois à l'armée; mais il ne se perd jamais à la cour.

416. On peut être plus fin qu'un autre, mais non pas plus fin que tous les autres.

417. On est quelquefois moins malheureux d'être trompé par ce qu'on aime, que d'en être détrompé.

418. On garde longtemps son premier amant quand on n'en prend pas un second.

419. Nous n'avons pas le courage de dire en général que nous n'avons point de défauts et que nos ennemis n'ont point de bonnes qualités; mais en détail nous ne sommes pas trop éloignés de le croire.

420. De tous nos défauts celui dont nous demeurons le plus aisément d'accord, c'est la paresse. Nous nous persuadons qu'elle tient à toutes les vertus paisibles, et que sans détruire entièrement les autres, elle en suspend seulement les fonctions.

421. Il y a une élévation qui ne dépend point de la fortune : c'est un certain air qui nous distingue et qui semble nous destiner aux grandes choses; c'est un prix que nous nous donnons imperceptiblement à nous-mêmes; c'est par cette qualité que nous usurpons les déférences des autres hommes; et c'est elle d'ordinaire qui nous met plus au-dessus d'eux que la naissance, les dignités et le mérite même.

422. Il y a du mérite sans élévation; mais il n'y a point d'élévation sans quelque mérite.

423. L'élévation est au mérite ce que la parure est aux belles personnes.

424. Ce qui se trouve le moins dans la galanterie, c'est de l'amour.

425. La fortune se sert quelquefois de nos défauts pour nous élever; et il y a des personnes incommodes dont le mérite serait mal récompensé si l'on n'était bien aise d'acheter leur absence.

426. Il semble que la nature ait caché dans le fond de notre esprit des talents et une habileté que nous ne connaissons pas: les passions seules ont le droit de les mettre au jour, et de nous donner quelquefois des vues plus certaines et plus achevées que l'art ne pourrait le faire.

427. Nous arrivons tout nouveaux aux divers âges de la vie, et nous y manquons souvent d'expérience malgré le nombre des années.

428. Les coquettes se font honneur d'être jalouses de leurs amants, pour cacher qu'elles sont envieuses des autres femmes.

429. Il s'en faut bien que ceux qui s'attrapent à nos finesses nous paraissent aussi ridicules que nous nous le paraissons à nous-mêmes, quand les finesses des autres nous ont attrapés.

430. Le plus dangereux ridicule des vieilles personnes qui ont été aimables, c'est d'oublier qu'elles ne le sont plus.

431. Nous aurions souvent honte de nos plus belles actions si le monde voyait tous les motifs qui les produisent.

432. Le plus grand effort de l'amitié n'est pas de montrer nos défauts à un ami, c'est de lui faire voir les siens.

433. On n'a guère de défauts qui ne soient plus pardonnables que les moyens dont on se sert pour les cacher

434. Quelque honte que nous ayons méritée, il est presque toujours en notre pouvoir de rétablir notre réputation.

435. On ne plait pas longtemps quand on n'a qu'une sorte d'esprit.

436. Les fous et les sots ne voient que par leur humeur.

437. L'esprit nous sert quelquefois à faire hardiment des sottises.

438. La vivacité qui augmente en vieillissant ne va pas loin de la folie.

439. En amour, celui qui est guéri le premier est toujours le mieux guéri.

440. Les jeunes femmes qui ne veulent point paraître coquettes, et les hommes d'un âge avancé qui ne veulent pas être ridicules, ne doivent jamais parler de l'amour comme d'une chose où ils puissent avoir part.

441. Nous pouvons paraître grands dans un emploi au-dessous de notre mérite ; mais nous paraissons souvent petits

dans un emploi plus grand que nous.

442. Nous croyons souvent avoir de la constance dans les malheurs, lorsque nous n'avons que de l'abattement ; et nous les souffrons sans oser les regarder, comme les poltrons se laissent tuer de peur de se défendre.

443. La confiance fournit plus à la conversation que l'esprit.

444. Toutes les passions nous font faire des fautes, mais l'amour nous en fait faire de plus ridicules.

445. Peu de gens savent être vieux.

446. Nous nous faisons honneur des défauts opposés à ceux que nous avons ; quand nous sommes faibles, nous nous vantons d'être opiniâtres.

447. La pénétration a un air de deviner qui flatte plus notre vanité que toutes les autres qualités de l'esprit.

448. La grâce de la nouveauté et la longue habitude, quelque opposées qu'elles soient, nous empêchent également de sentir les défauts de nos amis.

449. La plupart des amis dégoûtent de l'amitié, et la plupart des dévots dégoûtent de la dévotion.

450. Nous pardonnons aisément à nos amis les défauts qui ne nous regardent pas.

451. Les femmes qui aiment pardonnent

plus aisément les grandes indiscrétions qu les petites infidélités.

452. Dans la vieillesse de l'amour comme dans celle de l'âge, on vit encore pour les maux, mais on ne vit plus pour les plaisirs.

453. Rien n'empêche tant d'être naturel, que l'envie de le paraître.

454. C'est en quelque sorte se donner part aux belles actions, que de les louer de bon cœur.

455. La plus véritable marque d'être né avec de grandes qualités, c'est d'être né sans envie.

456. Quand nos amis nous ont trompés, on ne doit que de l'indifférence aux marques de leur amitié ; mais on doit toujours de la sensibilité à leurs malheurs.

457. La fortune et l'humeur gouvernent le monde.

458. Il est plus aisé de connaître l'homme en général que de connaître un homme en particulier.

459. On ne doit pas juger du mérite d'un homme par ses grandes qualités, mais par l'usage qu'il en sait faire.

460. Il y a une certaine reconnaissance vive qui ne nous acquitte pas seulement des bienfaits que nous avons reçus, mais qui fait même que nos amis nous doivent en leur payant ce que nous leur devons.

461. Nous désirerions peu de choses avec ardeur, si nous connaissions parfaitement ce que nous désirons.

462. Ce qui fait que la plupart des femmes sont peu touchées de l'amitié, c'est qu'elle est fade quand on a senti l'amour.

463. Dans l'amitié, comme dans l'amour, on est souvent plus heureux par les choses qu'on ignore, que par celles que l'on sait.

464. Nous essayons de nous faire honneur des défauts que nous ne voulons pas corriger.

465. Les passions les plus violentes nous laissent quelquefois du relâche; mais la vanité nous agite toujours.

466. Les vieux fous sont plus fous que les jeunes.

467. La faiblesse est plus opposée à la vertu que le vice.

468. Ce qui rend les douleurs de la honte et de la jalousie si aiguës, c'est que la vanité ne peut servir à les supporter

469. La bienséance est la moindre de toutes les lois et la plus suivie.

470. La pompe des enterrements intéresse plus la vanité des vivants que la mémoire des morts.

471. Un esprit droit a moins de peine de se soumettre aux esprits de travers que de les conduire.

472. Lorsque la fortune nous surprend

en nous donnant une grande place, sans nous y avoir conduits par degrés, ou sans que nous nous y soyons élevés par nos espérances, il est presque impossible de s'y bien soutenir et de paraître digne de l'occuper.

473. Notre orgueil s'augmente souvent de ce que nous retranchons de nos autres défauts.

474. Il n'y a point de sots si incommodes que ceux qui ont de l'esprit.

475. Il n'y a point d'homme qui se croie en chacune de ses qualités au-dessous de l'homme du monde qu'il estime le plus.

476. Dans les grandes affaires, on doit moins s'appliquer à faire naître des occasions, qu'à profiter de celles qui se présentent.

477. Il n'y a guère d'occasion où l'on fît un méchant marché de renoncer au bien qu'on dit de nous, à condition de n'en dire point de mal.

478. Quelques dispositions qu'ait le monde à mal juger, il fait encore plus souvent grâce au faux mérite, qu'il ne fait injustice au véritable.

479. On est quelquefois un sot avec de l'esprit; mais on ne l'est jamais avec du jugement.

480. Nous gagnerions plus de nous laisser voir tels que nous sommes, que d'essayer

de paraître ce que nous ne sommes pas.

481. Nos ennemis approchent plus de la vérité dans les jugements qu'ils font de nous, que nous n'en approchons nous-mêmes.

482. Il y a plusieurs remèdes qui guérissent de l'amour, mais il n'y en a point d'infaillibles.

483. Il s'en faut bien que nous connaissions tout ce que nos passions nous font faire.

484. La vieillesse est un tyran qui défend sur peine de la vie tous les plaisirs de la jeunesse.

485. Le même orgueil qui nous fait blâmer les défauts dont nous nous croyons exempts nous porte à mépriser les bonnes qualités que nous n'avons pas.

486. Il y a souvent plus d'orgueil que de bonté à plaindre les malheurs de nos ennemis; c'est pour leur faire sentir que nous sommes au-dessus d'eux, que nous leur donnons des marques de compassion.

487. Il y a un excès de biens et de maux qui passe notre sensibilité.

488. Il s'en faut bien que l'innocence trouve autant de protection que le crime.

489. De toutes les passions violentes, celle qui sied le moins mal aux femmes, c'est l'amour.

490. La vanité nous fait faire plus de

choses contre notre goût, que la raison.

491. Il y a de méchantes qualités qui font de grands talents.

492. On ne souhaite jamais ardemment ce qu'on ne souhaite que par raison.

493. Toutes nos qualités sont incertaines et douteuses, en bien comme en mal; et elles sont presque toutes à la merci des occasions.

494. Dans les premières passions, les femmes aiment l'amant; dans les autres, elles aiment l'amour.

495. L'orgueil a ses bizarreries comme les autres passions : on a honte d'avouer qu'on ait de la jalousie, et l'on se fait honneur d'en avoir eu et d'être capable d'en avoir.

496. Quelque rare que soit le véritable amour, il l'est encore moins que la véritable amitié.

497. Il y a peu de femmes dont le mérite dure plus que la beauté.

498. L'envie d'être plaint ou d'être admiré fait souvent la plus grande partie de notre confiance.

499. Notre envie dure toujours plus longtemps que le bonheur de ceux que nous envions.

500. La même fermeté qui sert à résister à l'amour sert aussi à le rendre violent et durable, et les personnes faibles, qui sont

toujours agitées de passions, n'en sont presque jamais véritablement remplies.

501. L'imagination ne saurait inventer tant de diverses contrariétés qu'il y en a naturellement dans le cœur de chaque personne.

502. Il n'y a que les personnes qui ont de la fermeté qui puissent avoir une véritable douceur; celles qui paraissent douces n'ont d'ordinaire que de la faiblesse, qui se convertit aisément en aigreur.

503. La timidité est un défaut dont il est dangereux de reprendre les personnes qu'on en veut corriger.

504. Rien n'est plus rare que la véritable bonté : ceux mêmes qui croient en avoir, n'ont d'ordinaire que de la complaisance ou de la faiblesse.

505. L'esprit s'attache par paresse et par constance à ce qui lui est facile ou agréable : cette habitude met toujours des bornes à nos connaissances, et jamais personne ne s'est donné la peine d'étendre et de conduire son esprit aussi loin qu'il pouvait aller.

506. On est d'ordinaire plus médisant par vanité que par malice.

507. Quand on a le cœur encore agité par les restes d'une passion, on est plus près d'en prendre une nouvelle que quand on est entièrement guéri.

508. Ceux qui ont eu de grandes passions se trouvent toute leur vie heureux et malheureux d'en être guéris.

509. Il y a encore plus de gens sans intérêt que sans envie.

510. Nous avons plus de paresse dans l'esprit que dans le corps.

511. La paresse est de toutes nos passions celle qui nous est le plus inconnue à nous-mêmes. Nulle autre n'est plus ardente et plus maligne, quoique les dommages qu'elle cause soient très-cachés. Si nous considérons attentivement son influence, nous verrons qu'en toute occasion elle se rend maîtresse de nos sentiments, de nos intérêts et de nos plaisirs : c'est la *rémore* qui arrête les plus grands vaisseaux; c'est une bonace plus dangereuse aux plus importantes affaires que les écueils et les tempêtes. Le repos de la paresse est un charme secret de l'âme qui suspend nos plus ardentes poursuites et nos plus fermes résolutions.

512. Le calme ou l'agitation de notre humeur ne dépend pas tant de ce qui nous arrive de plus considérable dans la vie, que d'un arrangement commode ou désagréable de petites choses qui arrivent tous les jours.

513. Quelque méchants que soient les hommes, ils n'oseraient paraître ennemis

de la vertu; et lorsqu'ils la veulent persécuter, ils feignent de croire qu'elle est fausse, ou ils lui supposent des crimes.

514. On passe souvent de l'amour à l'ambition; mais on ne revient guère de l'ambition à l'amour.

515. L'extrême avarice se méprend presque toujours : il n'y a point de passion qui s'éloigne plus souvent de son but, ni sur qui le présent ait tant de pouvoir au préjudice de l'avenir.

516. L'avarice produit souvent des effets contraires : il y a un nombre infini de gens qui sacrifient tout leur bien à des espérances douteuses et éloignées; d'autres méprisent de grands avantages à venir, pour de petits intérêts présents.

517. Il semble que les hommes ne se trouvent pas assez de défauts : ils en augmentent encore le nombre par de certaines qualités singulières dont ils affectent de se parer, et ils les cultivent avec tant de soin, qu'elles deviennent à la fin des défauts naturels qu'il ne dépend plus d'eux de corriger.

518. Ce qui fait voir que les hommes connaissent mieux leurs fautes qu'on ne pense, c'est qu'ils n'ont jamais tort quand on les entend parler de leur conduite : le même amour-propre qui les aveugle d'ordinaire les éclaire alors, et leur donne des

vues si justes, qu'il leur fait supprimer ou déguiser les moindres choses qui peuvent être condamnées.

519. Il faut que les jeunes gens qui entrent dans le monde soient honteux ou étourdis : un air capable et composé se tourne d'ordinaire en impertinence.

520. Les querelles ne dureraient pas longtemps, si le tort n'était que d'un côté.

521. Il ne sert de rien d'être jeune sans être belle, ni d'être belle sans être jeune.

522. Il y a des personnes si légères et si frivoles, qu'elles sont aussi éloignées d'avoir de véritables défauts que des qualités solides.

523. On ne compte d'ordinaire la première galanterie des femmes, que lorsqu'elles en ont une seconde.

524. Il y a des gens si remplis d'eux-mêmes, que lorsqu'ils sont amoureux, ils trouvent moyen d'être occupés de leur passion, sans l'être de la personne qu'ils aiment.

525. L'amour, tout agréable qu'il est, plaît encore plus par les manières dont il se montre que par lui-même.

526. Peu d'esprit avec de la droiture ennuie moins à la longue, que beaucoup d'esprit avec du travers.

527. La jalousie est le plus grand de tous

les maux, et celui qui fait le moins de pitié aux personnes qui le causent.

528. Après avoir parlé de la fausseté de tant de vertus apparentes, il est raisonnable de dire quelque chose de la fausseté du mépris de la mort. J'entends parler de ce mépris de la mort que les païens se vantent de tirer de leurs propres forces, sans l'espérance d'une meilleure vie. Il y a de la différence entre souffrir la mort constamment, et la mépriser. Le premier est assez ordinaire, mais je crois que l'autre n'est jamais sincère. On a écrit néanmoins tout ce qui peut le plus persuader que la mort n'est point un mal; et les hommes les plus faibles, aussi bien que les héros, ont donné mille exemples célèbres pour établir cette opinion. Cependant je doute que personne de bon sens l'ait jamais cru; et la peine que l'on prend pour le persuader aux autres, et à soi-même, fait assez voir que cette entreprise n'est pas aisée. On peut avoir divers sujets de dégoûts dans la vie; mais on n'a jamais raison de mépriser la mort. Ceux mêmes qui se la donnent volontairement ne la comptent pas pour si peu de chose; et ils s'en étonnent et la rejettent comme les autres, lorsqu'elle vient à eux par une autre voie que celle qu'ils ont choisie. L'inégalité que l'on remarque dans le courage

d'un nombre infini de vaillants hommes, vient de ce que la mort se découvre différemment à leur imagination, et y paraît plus présente en un temps qu'en un autre. Ainsi il arrive qu'après avoir méprisé ce qu'ils ne connaissaient pas, ils craignent enfin ce qu'ils connaissent. Il faut éviter de l'envisager avec toutes ses circonstances, si on ne veut pas croire qu'elle soit le plus grand de tous les maux. Les plus habiles et les plus braves sont ceux qui prennent de plus honnêtes prétextes pour s'empêcher de la considérer : mais tout homme qui la sait voir telle qu'elle est, trouve que c'est une chose épouvantable. La nécessité de mourir faisait toute la constance des philosophes. Ils croyaient qu'il fallait aller de bonne grâce où l'on ne saurait s'empêcher d'aller ; et, ne pouvant éterniser leur vie, il n'y avait rien qu'ils ne fissent pour éterniser leur réputation, et sauver du naufrage ce qui en peut être garanti. Contentons-nous, pour faire bonne mine, de ne nous pas dire à nous-mêmes tout ce que nous en pensons, et espérons plus de notre tempérament que de ces faibles raisonnements qui nous font croire que nous pouvons nous approcher de la mort avec indifférence. La gloire de mourir avec fermeté, l'espérance d'être regretté, le désir de laisser une belle réputation, l'assurance d'être affranchi des misères de la vie et de ne dépendre plus des caprices de la fortune, sont des remèdes qu'on ne doit pas rejeter. Mais on ne doit pas croire aussi qu'ils soient infaillibles. Ils font, pour nous assurer, ce qu'une simple haie fait souvent à la guerre, pour assurer ceux qui doivent approcher d'un lieu d'où l'on tire. Quand on en est éloigné, on s'imagine qu'elle peut mettre à couvert ; mais quand on en est proche, on trouve que c'est un faible secours. C'est nous flatter de croire que la mort nous paraisse de près ce que nous en avons jugé de loin, et que nos sentiments, qui ne sont que faiblesses, soient d'une trempe assez forte pour ne point souffrir d'atteinte par la plus rude de toutes les épreuves. C'est aussi mal connaître les effets de l'amour-propre, que de penser qu'ils puissent nous aider à compter pour rien ce qui le doit nécessairement détruire ; et la raison dans laquelle on croit trouver tant de ressources est trop faible en cette rencontre pour nous persuader ce que nous voulons. C'est elle au contraire qui nous trahit le plus souvent, et qui, au lieu de nous inspirer le mépris de la mort, sert à nous découvrir ce qu'elle a d'affreux et de terrible. Tout ce qu'elle peut faire pour nous, est de nous conseiller d'en détourner les yeux pour les arrêter sur d'autres objets. Caton et Brutus en choisirent d'illustres. Un laquais se contenta, il y a quelque temps, de danser sur l'échafaud où il allait être roué. Ainsi, bien que les motifs soient différents, ils produisent les mêmes effets; de sorte qu'il est vrai que, quelque disproportion qu'il y ait entre les grands hommes et les gens du commun, on a vu mille fois les uns et les autres recevoir la mort d'un même visage ; mais ç'a toujours été avec cette différence, que dans le mépris que les grands hommes font paraître pour la mort, c'est l'amour de la gloire qui leur en ôte la vue ; et dans les gens du commun, ce n'est qu'un effet de leur peu de lumières qui les empêche de connaître la grandeur de leur mal, et leur laisse la liberté de penser à autre chose.

PENSÉES

TIRÉES DES

PREMIÈRES ÉDITIONS DU LIVRE DES MAXIMES (1)

---

1. L'AMOUR-PROPRE est l'amour de soi-même, et de toutes choses pour soi; il rend les hommes idolâtres d'eux-mêmes, et les rendrait les tyrans des autres si la fortune leur en donnait les moyens : il ne se repose jamais hors de soi, et ne s'arrête dans les sujets étrangers que comme les abeilles sur les fleurs, pour en tirer ce qui lui est propre. Rien n'est si impétueux que ses désirs, rien de si caché que ses desseins, rien de si habile que ses conduites : ses souplesses ne se peuvent représenter; ses transformations passent celles des métamorphoses, et ses raffinements ceux de la chimie. On ne peut sonder la profondeur ni percer les ténèbres de ses abîmes. Là, il est à couvert des yeux les plus pénétrants;

(1) Ces Pensées ont été supprimées ou changées par l'auteur dans les dernières éditions de son ouvrage.

il y fait mille insensibles tours et retours. Là, il est souvent invisible à lui-même; il y conçoit, il y nourrit, et il y élève, sans le savoir, un grand nombre d'affections et de haines; il en forme de si monstrueuses, que, lorsqu'il les a mises au jour, il les méconnait, ou il ne peut se résoudre à les avouer. De cette nuit qui le couvre, naissent les ridicules persuasions qu'il a de lui-même; de là viennent ses erreurs, ses ignorances, ses grossièretés et ses niaiseries sur son sujet; de là vient qu'il croit que ses sentiments sont morts lorsqu'ils ne sont qu'endormis, qu'il s'imagine n'avoir plus envie de courir dès qu'il se repose, et qu'il pense avoir perdu tous les goûts qu'il a rassasiés : mais cette obscurité épaisse, qui le cache à lui-même, n'empêche pas qu'il ne voie parfaitement ce qui est hors de lui; en quoi il est semblable à nos yeux, qui découvrent tout, et sont aveugles seulement pour eux-mêmes. En effet, dans ses plus grands intérêts et dans ses plus importantes affaires, où la violence de ses souhaits appelle toute son attention, il voit, il sent, il entend, il imagine, il soupçonne, il pénètre, il devine tout, de sorte qu'on est tenté de croire que chacune de ses passions a une magie qui lui est propre. Rien n'est si intime et si fort que ses attachements, qu'il essaye de rompre inutilement à la vue des malheurs extrêmes qui le menacent. Cependant il fait quelquefois, en peu de temps et sans aucun effort, ce qu'il n'a pu faire avec tous ceux dont il est capable dans le cours de plusieurs années; d'où l'on pourrait conclure assez vraisemblablement que c'est par lui-même que ses désirs sont allumés, plutôt que par la beauté et par le mérite de ses objets; que son goût est le prix qui les relève et le fard qui les embellit; que c'est après lui-même qu'il court, et qu'il suit son gré, lorsqu'il suit les choses qui sont à son gré. Il est de tous les contraires, il est impérieux et obéissant, sincère et dissimulé, miséricordieux et cruel, timide et audacieux : il a différentes inclinations, selon la diversité des tempéraments qui le tournent et le dévouent tantôt à la gloire, tantôt aux richesses, et tantôt aux plaisirs. Il en change selon le changement de nos âges, de nos fortunes et de nos expériences : mais il lui est indifférent d'en avoir plusieurs, ou de n'en avoir qu'une, parce qu'il se partage en plusieurs, et se ramasse en une quand il le faut, et comme il lui plaît. Il est inconstant; et, outre les changements qui viennent des causes étrangères, il y en a une infinité qui naissent de lui et de son propre fonds. Il est inconstant, d'inconstance, de légèreté, d'amour, de nouveauté, de l'assitude et de dégoût Il est capricieux, et on le voit quelquefois travailler avec le dernier empressement et avec des travaux incroyables à obtenir des choses qui ne lui sont point avantageuses, et qui même lui sont nuisibles, mais qu'il poursuit parce qu'il les veut. Il est bizarre, et met souvent toute son application dans les emplois les plus frivoles; il trouve tout son plaisir dans les plus fades, et conserve toute sa fierté dans les plus méprisables. Il est dans tous les états de la vie et dans toutes les conditions; il vit partout, et il vit de tout; il vit de rien; il s'accommode des choses et de leur privation; il passe même dans le parti des gens qui lui font la guerre; il entre dans leurs desseins; et, ce qui est admirable, il se hait lui-même avec eux, il conjure sa perte, il travaille lui-même à sa ruine; enfin il ne se soucie que d'être, et pourvu qu'il soit, il veut bien être son ennemi. Il ne faut donc pas s'étonner s'il se joint quelquefois à la plus rude austérité, et s'il entre si hardiment en société avec elle pour se détruire, parce que, dans le même temps qu'il se ruine en un endroit, il se rétablit en un autre. Quand on pense qu'il quitte son plaisir, il ne fait que le suspendre ou le changer, et, lors même qu'il est vaincu, et qu'on croit en être défait, on le retrouve qui triomphe dans sa propre défaite. Voilà la peinture de l'amour-propre, dont toute la vie n'est qu'une grande et longue agitation. La mer en est une image sensible, et l'amour-propre trouve dans le flux et le reflux de ses vagues une fidèle expression de la succession turbulente de ses pensées et de ses éternels mouvements.

2. Toutes les passions ne sont autre chose que les divers degrés de la chaleur ou de la froideur du sang.

3. La modération, dans la plupart des hommes, n'a garde de combattre et de soumettre l'ambition, puisqu'elles ne peuvent se trouver ensemble ; la modération n'étant d'ordinaire qu'une paresse, une langueur et un manque de courage : de manière qu'on peut justement dire à leur égard que la modération est une bassesse de l'âme, comme l'ambition en est l'élévation.

4. La modération dans la bonne fortune n'est que l'appréhension de la honte qui suit l'emportement, ou la peur de perdre ce que l'on a.

5. La modération des personnes heureuses est le calme de leur humeur, adoucie par la possession du bien.

6. La modération est une crainte de l'envie et du mépris, qui suivent ceux qui s'enivrent de leur bonheur ; c'est une ostentation de la force de notre esprit : enfin,

pour la bien définir, la modération des hommes dans leurs plus hautes élévations, est une ambition de paraître plus grands que les choses qui les élèvent.

7. Tout le monde trouve à redire en autrui ce qu'on trouve à redire en lui.

8. La modération est comme la sobriété: on voudrait bien manger davantage, mais on craint de se faire mal.

9. Si nous n'avions point de défauts, nous ne serions point si aises d'en remarquer aux autres.

10. La jalousie ne subsiste que dans les doutes; l'incertitude est sa matière : c'est une passion qui cherche tous les jours de nouveaux sujets d'inquiétude et de nouveaux tourments. On cesse d'être jaloux dès que l'on est éclairci de ce qui causait la jalousie.

11. L'orgueil, comme lassé de ses artifices et de ses différentes métamorphoses, après avoir joué tout seul tous les personnages de la comédie humaine, se montre avec un visage naturel, et se découvre par sa fierté; de sorte qu'à proprement parler, la fierté est l'éclat et la déclaration de l'orgueil.

12. La nature, qui a si sagement pourvu à la vie de l'homme par la disposition admirable des organes du corps, lui a sans doute donné l'orgueil pour lui épargner la

douleur de connaître ses imperfections et ses misères.

13. Nous ne nous apercevons que des emportements et des mouvements extraordinaires de nos humeurs et de notre tempérament, comme de la violence de la colère; mais presque personne ne s'aperçoit que ces humeurs ont un cours ordinaire et réglé, qui meut et tourne doucement et imperceptiblement notre volonté à des actions différentes : elles roulent ensemble, s'il faut ainsi dire, et exercent successivement un empire secret en nous-mêmes; de sorte qu'elles ont une part considérable en toutes nos actions, sans que nous le puissions reconnaître.

14. La complexion qui fait le talent pour les petites choses, est contraire à celle qu'il faut pour le talent des grandes.

15. C'est une espèce de bonheur de connaître jusqu'à quel point on doit être malheureux.

16. Quand on ne trouve pas son repos en soi-même, il est inutile de le chercher ailleurs.

17. La fortune ne laisse rien perdre pour les hommes heureux.

18. Il faudrait pouvoir répondre de sa fortune pour pouvoir répondre de ce que l'on fera.

19. Comment peut-on répondre de ce

qu'on voudra à l'avenir, puisque l'on ne sait pas précisément ce que l'on veut dans le temps présent ?

20. On élève la prudence jusqu'au ciel, et il n'est sorte d'éloges qu'on ne lui donne: elle est la règle de nos actions et de notre conduite; elle est la maîtresse de la fortune; elle fait le destin des empires; sans elle on a tous les maux, avec elle on a tous les biens; et, comme disait autrefois un poëte, quand nous avons la prudence, il ne nous manque aucune divinité; pour dire que nous trouvons dans la prudence tout le secours que nous demandons aux dieux. Cependant la prudence la plus consommée ne saurait nous assurer du plus petit effet du monde; parce que, travaillant sur une matière aussi changeante et aussi inconnue qu'est l'homme, elle ne peut exécuter sûrement aucun de ses projets. D'où il faut conclure que toutes les louanges dont nous flattons notre prudence ne sont que des effets de notre amour-propre, qui s'applaudit en toutes choses et en toutes manières.

21. L'amour est à l'âme de celui qui aime ce que l'âme est au corps qu'elle anime.

22. La justice n'est qu'une vive appréhension qu'on ne nous ôte ce qui nous appartient. De là vient cette considération et ce

respect pour tous les intérêts du prochain, et cette scrupuleuse application à ne lui faire aucun préjudice. Cette crainte retient l'homme dans les bornes des biens que la naissance ou la fortune lui ont donnés. Sans cette crainte, il ferait des courses continuelles sur les autres.

23. La justice, dans les juges qui sont modérés, n'est que l'amour de leur élévation.

24. On blâme l'injustice, non pas par l'aversion que l'on a pour elle, mais par le préjudice que l'on en reçoit.

25. Le premier mouvement de joie que nous avons du bonheur de nos amis ne vient ni de la bonté de notre naturel, ni de l'amitié que nous avons pour eux : c'est un effet de l'amour-propre, qui nous flatte de l'espérance d'être heureux à notre tour, ou de retirer quelque utilité de leur bonne fortune.

26. Dans l'adversité de nos meilleurs amis, nous trouvons toujours quelque chose qui ne nous déplaît pas.

27. Comme si ce n'était pas assez à l'amour-propre d'avoir la vertu de se transformer lui-même, il a encore celle de transformer les objets; ce qu'il fait d'une manière fort étonnante; car non-seulement il les déguise si bien qu'il y est lui-même trompé, mais il change aussi l'état et la nature des choses.

En effet, lorsqu'une personne nous est contraire, et qu'elle tourne sa haine et sa persécution contre nous, c'est avec toute la sévérité de la justice que l'amour-propre juge ses actions : il donne à ses défauts une étendue qui les rend énormes, et il met ses bonnes qualités dans un jour si désavantageux, qu'elles deviennent plus dégoûtantes que ses défauts. Cependant, dès que cette même personne nous devient favorable, ou que quelqu'un de nos intérêts la réconcilie avec nous, notre seule satisfaction rend aussitôt à son mérite le lustre que notre aversion venait de lui ôter. Les mauvaises qualités s'effacent, et les bonnes paraissent avec plus d'avantagé qu'auparavant; nous rappelons même toute notre indulgence pour la forcer à justifier la guerre qu'elle nous a faite. Quoique toutes les passions montrent cette vérité, l'amour la fait voir plus clairement que les autres; car nous voyons un amoureux, agité de la rage où l'a mis l'oubli ou l'infidélité de ce qu'il aime, méditer pour sa vengeance tout ce que cette passion inspire de plus violent. Néanmoins, aussitôt que sa vue a calmé la fureur de ses mouvements, son ravissement rend cette beauté innocente; il n'accuse plus que lui-même, il condamne ses condamnations; et par cette vertu de l'amour propre, il ôte la noirceur aux mauvaises actions de sa maîtresse, et en sépare le crime pour s'en charger lui-même.

28. L'aveuglement des hommes est le plus dangereux effet de leur orgueil ; il sert à le nourrir et à l'augmenter ; il nous ôte la connaissance des remèdes qui pourraient soulager nos misères et nous guérir de nos défauts.

29. On n'a plus de raison quand on n'espère plus d'en trouver aux autres.

30. Les philosophes, et Sénèque surtout, n'ont point ôté les crimes par leurs préceptes : ils n'ont fait que les employer au bâtiment de l'orgueil.

31. Le jugement n'est autre chose que la grandeur de la lumière de l'esprit. Son étendue est la mesure de sa lumière ; sa profondeur est celle qui pénètre le fond des choses ; son discernement les compare et les distingue ; sa justesse ne voit que ce qu'il faut voir ; sa droiture les prend toujours par le bon biais ; sa délicatesse aperçoit celles qui paraissent imperceptibles ; et le jugement décide ce que les choses sont. Si on l'examine bien, on trouvera que toutes ces qualités ne sont autre chose que la grandeur de l'esprit, lequel voyant tout, rencontre dans la plénitude de ses lumières tous les avantages dont nous venons de parler.

32. Il y a de jolies choses que l'esprit ne cherche point, et qu'il trouve toutes achevées dans lui-même. Il semble qu'elles y soient cachées comme l'or et les diamants dans le sein de la terre.

33. Il n'y a point de plaisir que l'on fasse plus volontiers à un ami que de lui donner conseil.

34. Rien n'est plus divertissant que de voir deux hommes assemblés, l'un pour demander conseil, et l'autre pour le donner. L'un paraît avec une déférence respectueuse, et dit qu'il vient recevoir des instructions pour sa conduite, et son dessein le plus souvent est de faire approuver ses sentiments, et de rendre celui qu'il vient consulter garant de l'affaire qu'il lui propose. Celui qui conseille paye d'abord la confiance de son ami des marques d'un zèle ardent et désintéressé; il cherche en même temps dans ses propres intérêts des règles de conseiller, de sorte que son conseil lui est bien plus propre qu'à celui qui le reçoit.

35. Si on était toujours assez habile, on ne ferait jamais de finesses ni de trahisons.

36. C'est quelquefois assez d'être grossier pour n'être pas trompé par un habile homme.

37. Les plus sages le sont dans les choses

indifférentes; mais ils ne le sont presque jamais dans leurs plus sérieuses affaires.

38 La plus subtile folie se fait de la plus subtile sagesse.

39. La sobriété est l'amour de la santé, ou l'impuissance de manger beaucoup.

40. On n'oublie jamais mieux les choses que quand on s'est lassé d'en parler.

41. La modestie, qui semble refuser les louanges, n'est en effet qu'un désir d'en avoir de plus délicates.

42. On ne blâme le vice et on ne loue la vertu que par intérêt.

43. La louange qu'on nous donne sert au moins à nous fixer dans la pratique des vertus.

44. L'approbation que l'on donne à l'esprit, à la beauté et à la valeur, les augmente, les perfectionne et leur fait faire de plus grands effets qu'ils n'auraient été capables de faire d'eux-mêmes.

45. L'amour-propre empêche bien que celui qui nous flatte ne soit celui qui nous flatte le plus.

46. On ne fait point de distinction dans les espèces de colère, quoiqu'il y en ait une légère et presque innocente, qui vient de l'ardeur de la complexion, et une autre très-criminelle, qui est, à proprement parler, la fureur de l'orgueil.

47. Les grandes âmes ne sont pas celles

qui ont moins de passions et plus de vertus que les âmes communes ; mais celles seulement qui ont de plus grands desseins.

48. Comme il y a de bonnes viandes qui affadissent le cœur, il y a un mérite fade, et des personnes qui dégoûtent avec des qualités bonnes et estimables.

49. L'art de savoir bien mettre en œuvre de médiocres qualités donne souvent plus de réputation que le véritable mérite.

50. Les rois font des hommes comme des pièces de monnaie ; ils les font valoir ce qu'ils veulent, et l'on est forcé de les recevoir selon leur cours, et non pas selon leur véritable prix.

51. On se mécompte toujours dans le jugement qu'on fait de nos actions, quand elles sont plus grandes que nos desseins.

52 La gloire des grands hommes se doit mesurer aux moyens qu'ils ont pour l'acquérir.

53. La férocité naturelle fait moins de cruels que l'amour-propre.

54. On peut dire de toutes nos vertus ce qu'un poëte italien a dit de l'honnêteté des femmes, que ce n'est souvent autre chose qu'un art de paraître honnête.

55. Ce que le monde nomme vertu n'est d'ordinaire qu'un fantôme formé par nos passions, à qui on donne un nom honnête,

pour faire impunément ce qu'on veut.

56. Nous sommes si préoccupés en notre faveur, que ce que nous prenons souvent pour des vertus n'est en effet qu'un nombre de vices qui leur ressemblent, et que l'orgueil et l'amour-propre nous ont déguisés.

57. La curiosité n'est pas, comme l'on croit, un simple amour de la nouveauté. Il y en a une d'intérêt qui fait que nous voulons savoir les choses pour nous en prévaloir. Il y en a une autre d'orgueil, qui nous donne envie d'être au-dessus de ceux qui ignorent les choses, et de n'être pas au-dessous de ceux qui les savent.

58. Ce qui nous fait aimer les connaissances nouvelles n'est pas tant la lassitude que nous avons des vieilles, ou le plaisir de changer, que le dégoût que nous avons de n'être pas assez admirés de ceux qui nous connaissent trop, et l'espérance que nous avons de l'être davantage de ceux qui ne nous connaissent guère.

59. Il y a des crimes qui deviennent innocents et même glorieux par leur éclat, leur nombre et leur excès : de là vient que les voleries publiques sont des habiletés, et que prendre des provinces injustement s'appelle faire des conquêtes.

60. Nous avouons nos défauts, afin qu'en donnant bonne opinion de la iustice de

notre esprit, nous réparions le tort qu'ils nous ont fait dans l'esprit des autres.

61. On peut haïr et mépriser les vices, sans haïr ni mépriser les vicieux; mais on a toujours du mépris pour ceux qui manquent de vertu.

62. Nous n'avouons jamais nos défauts que par vanité.

63. On ne trouve point dans l'homme le bien ni le mal dans l'excès.

64. Quand il n'y a que nous qui savons nos crimes, ils sont bientôt oubliés.

65. Ceux qui sont incapables de commettre de grands crimes n'en soupçonnent pas facilement les autres.

66. La pompe des enterrements regarde plus la vanité des vivants que l'honneur des morts.

67. La sévérité des femmes est un ajustement et un fard qu'elles ajoutent à leur beauté. C'est un attrait fin, délicat, et une douceur déguisée.

68. Il y a des gens qui ressemblent aux vaudevilles, que tout le monde chante un certain temps, quelque fades et dégoûtants qu'ils soient.

69. Quelque incertitude et quelque variété qui paraisse dans le monde, on y remarque néanmoins un certain enchaînement secret et un ordre réglé de tout temps par la providence, qui fait que chaque chose

marche en son rang, et suit le cours de sa destinée.

70. L'intrépidité doit soutenir le cœur dans les conjurations, au lieu que la seule valeur lui fournit toute la fermeté qui lui est nécessaire dans les périls de la guerre.

71. Ceux qui voudraient définir la victoire par sa naissance seraient tentés, comme les poëtes, de l'appeler la fille du ciel, puisqu'on ne trouve point son origine sur la terre. En effet, elle est produite par une infinité d'actions, qui, au lieu de l'avoir pour but, regardent seulement les intérêts particuliers de ceux qui les font, puisque tous ceux qui composent une armée, allant à leur propre gloire et à leur élévation, produisent un bien si grand et si général.

72. On ne peut répondre de son courage, quand on n'a jamais été dans le péril.

73. Il en est de la reconnaissance comme de la bonne foi des marchands : elle soutient le commerce, et nous ne payons pas pour la justice qu'il y a de nous acquitter, mais pour trouver plus facilement des gens qui nous prêtent.

74. On donne plus souvent (1) des bornes à sa reconnaissance qu'à ses désirs et à ses espérances.

(1) Une autre édition dit *plus aisément*.

75. L'imitation est toujours malheureuse et tout ce qui est contrefait déplaît avec les mêmes choses qui charment lorsqu'elles sont naturelles.

76. Nous ne regrettons pas la perte de nos amis selon leur mérite, mais selon nos besoins, et selon l'opinion que nous croyons leur avoir donnée de ce que nous valons.

77. Qui considérera superficiellement tous les effets de la bonté qui nous fait sortir de nous-mêmes, et qui nous immole continuellement à l'avantage de tout le monde, sera tenté de croire que, lorsqu'elle agit, l'amour-propre s'oublie et s'abandonne lui-même, ou se laisse dépouiller et appauvrir sans s'en apercevoir, de sorte qu'il semble que l'amour-propre soit la dupe de la bonté. Cependant c'est le plus utile de tous les moyens dont l'amour-propre se sert pour arriver à ses fins; c'est un chemin dérobé par où il revient à lui-même plus riche et plus abondant; c'est un désintéressement qu'il met à une furieuse usure; c'est enfin un ressort délicat, avec lequel il réunit, il dispose et tourne tous les hommes en sa faveur.

78. Il est bien malaisé de distinguer la bonté générale et répandue sur tout le monde, de la grande habileté.

79. Pour pouvoir être toujours bon, il faut que les autres croient qu'ils ne peu-

vent pas nous être impunément méchants.

80. Rien ne nous plaît tant que la confiance des grands et des personnes considérables par leurs emplois, par leur esprit, ou par leur mérite. Elle nous fait un plaisir exquis; elle élève merveilleusement notre orgueil, parce que nous la regardons comme un effet de notre fidélité. Cependant nous serions remplis de confusion si nous considérions l'imperfection et la bassesse de sa naissance. Elle vient de la vanité, de l'envie de parler et de l'impuissance de retenir le secret : de sorte qu'on peut dire que la confiance est comme un relâchement de l'âme causé par le nombre et par le poids des choses dont elle est pleine.

81. La confiance de plaire est souvent un moyen de plaire infailliblement.

82. Nous ne croyons pas aisément ce qui est au delà de ce que nous voyons.

83. La confiance que l'on a en soi fait naître la plus grande partie de celle que l'on a aux autres.

84. Il y a une révolution générale qui change le goût des esprits, aussi bien que les fortunes du monde.

85. La vérité est le fondement et la raison de la perfection et de la beauté. Une chose, de quelque nature que ce soit, ne saurait être belle et parfaite, si elle n'est

véritablement tout ce qu'elle doit être, et si elle n'a pas tout ce qu'elle doit avoir.

86. Il y a de belles choses qui ont plus d'éclat quand elles demeurent imparfaites que quand elles sont trop achevées.

87. Le plus grand art d'un habile homme est celui de savoir cacher son habileté.

88. La générosité est un industrieux emploi du désintéressement pour aller plutôt à un plus grand intérêt.

89. La fidélité est une invention de l'amour-propre, par laquelle l'homme, s'érigeant en dépositaire des choses précieuses, se rend lui-même infiniment précieux. De tous les trafics de l'amour-propre, c'est celui où il fait le moins d'avances et de plus grands profits. C'est un raffinement de sa politique, avec lequel il engage les hommes par leurs biens, par leur honneur, par leur liberté et par leur vie, qu'ils sont obligés de confier, en quelques occasions, à élever l'homme fidèle au-dessus de tout le monde.

90. La magnanimité est un noble effort de l'orgueil, par lequel il rend l'homme maître de lui-même, pour le rendre maître de toutes choses.

91. L'humilité n'est souvent qu'une feinte soumission que nous employons pour soumettre effectivement tout le monde. C'est un mouvement de l'orgueil, par lequel il

s'abaisse devant les hommes pour s'élever sur eux. C'est un déguisement et son premier stratagème; mais quoique ses changements soient presque infinis, et qu'il soit admirable sous toutes sortes de figures, il faut avouer néanmoins qu'il n'est jamais si rare ni si extraordinaire que lorsqu'il se cache sous la forme et sous l'habit de l'humilité : car alors on le voit les yeux baissés, dans une contenance modeste et reposée; toutes ses paroles sont douces et respectueuses, pleines d'estime pour les autres, et de dédain pour lui-même. Si on veut l'en croire, il est indigne de tous les honneurs, il n'est capable d'aucun emploi; il ne reçoit les charges que comme un effet de la bonté des hommes et de la faveur aveugle de la fortune. C'est l'orgueil qui joue tous ces personnages que l'on prend pour l'humilité.

92. Dans toutes les professions et dans tous les arts, chacun se fait une mine et un extérieur qu'il met en la place de la seule chose dont il veut avoir le mérite, de sorte que tout le monde n'est composé que de mines; et c'est inutilement que nous travaillons à y trouver rien de réel.

93. Il y a des personnes à qui les défauts siéent bien, et d'autres qui sont disgraciées avec leurs bonnes qualités.

94. Le luxe et la trop grande politesse

dans les Etats sont le présage assuré de leur décadence, parce que tous les particuliers s'attachant à leurs intérêts propres, ils se détournent du bien public.

95. De toutes les passions, celle qui est la plus inconnue à nous-mêmes, c'est la paresse : elle est la plus ardente et la plus maligne de toutes, quoique sa violence soit insensible, et que les dommages qu'elle cause soient très-cachés. Si nous considérons attentivement son pouvoir, nous verrons qu'elle se rend en toutes rencontres maîtresse de nos sentiments, de nos intérêts et de nos plaisirs. C'est la *rémore* (1) qui a la force d'arrêter les plus grands vaisseaux; c'est une bonace plus dangereuse aux plus importantes affaires, que les écueils et les plus grandes tempêtes. Le repos de la paresse est un charme secret de l'âme, qui suspend soudainement les plus ardentes poursuites et les plus opiniâtres résolutions. Pour donner enfin la véritable idée de cette passion, il faut dire que la paresse est comme une béatitude de l'âme, qui la console de toutes ses pertes, et qui lui tient lieu de tous les biens.

96. De plusieurs actions différentes que la fortune arrange comme il lui plaît, il s'en fait plusieurs vertus.

(1) Espèce de poisson.

97. La jeunesse est une ivresse continuelle : c'est la fièvre de la santé, c'est la folie de la raison.

98. On aime à deviner les autres ; mais l'on n'aime pas à être deviné.

99. C'est une ennuyeuse maladie, que de conserver sa santé par un trop grand régime.

100. Il est plus facile de prendre de l'amour quand on n'en a pas, que de s'en défaire quand on en a.

101. La plupart des femmes se rendent plutôt par faiblesse que par passion. De là vient que, pour l'ordinaire, les hommes entreprenants réussissent mieux que les autres, quoiqu'ils ne soient pas plus aimables.

102. N'aimer guère en amour est un moyen assuré pour être aimé.

103. La sincérité que se demandent les amants et les maîtresses, pour savoir l'un et l'autre quand ils cesseront de s'aimer, est bien moins pour vouloir être avertis quand on ne les aimera plus, que pour être mieux assurés qu'on les aime, lorsqu'on ne dit point le contraire.

104. La plus juste comparaison qu'on puisse faire de l'amour, c'est celle de la fièvre. Nous n'avons non plus de pouvoir sur l'un que sur l'autre, soit pour sa violence ou pour sa durée.

105. La plus grande habileté des moins habiles est de savoir se soumettre à la bonne conduite d'autrui.

106. Comme on n'est jamais en liberté d'aimer ou de cesser d'aimer, l'amant ne peut se plaindre avec justice de l'inconstance de sa maîtresse, ni elle de la légèreté de son amant.

107. L'amitié la plus désintéressée n'est qu'un commerce où notre amour-propre se propose toujours quelque chose à gagner.

108. Quand nous sommes las d'aimer, nous sommes bien aises qu'on nous devienne infidèle, pour nous dégager de notre infidélité.

109. Comment prétendons-nous qu'un autre garde notre secret, si nous ne pouvons le garder nous-mêmes?

110. Il n'y en a point qui pressent tant les autres que les paresseux lorsqu'ils ont satisfait leur paresse, afin de paraître diligents.

111. C'est une preuve de peu d'amitié, de ne s'apercevoir pas du refroidissement de celle de nos amis.

112. On craint toujours de voir ce qu'on aime, quand on vient de faire des coquetteries ailleurs.

113. On doit se consoler de ses fautes, quand on a la force de les avouer.

114. Dans l'amour, la tromperie va presque toujours plus loin que la méfiance.

115. Il n'y a pas moins d'éloquence dans le ton de la voix que dans le choix des paroles.

116. Il y a une éloquence dans les yeux et dans l'air de la personne qui ne persuade pas moins que celle de la parole.

117. Il y a de méchants hommes qui seraient moins dangereux s'ils n'avaient aucune bonté.

RÉFLEXIONS DIVERSES

—

1. De la confiance.

Bien que la sincérité et la confiance aient du rapport, elles sont néanmoins différentes en plusieurs choses.

La sincérité est une ouverture de cœur qui nous montre tels que nous sommes; c'est un amour de la vérité, une répugnance à se déguiser, un désir de se dédommager de ses défauts, et de les diminuer même par le mérite de les avouer.

La confiance ne nous laisse pas tant de liberté : ses règles sont plus étroites; elle demande plus de prudence et de retenue, et nous ne sommes pas toujours libres d'en disposer. Il ne s'agit pas de nous uniquement, et nos intérêts sont mêlés d'ordinaire avec les intérêts des autres : elle a besoin d'une grande justesse pour ne pas livrer nos amis en nous livrant nous-mêmes, et pour ne pas faire des présents de leur bien, dans la vue d'augmenter le prix de ce que nous donnons.

La confiance plait toujours à celui qui la reçoit; c'est un tribut que nous payons à son mérite ; c'est un dépôt que l'on commet à sa foi; ce sont des gages qui lui donnent un droit sur nous et une sorte de dépendance où nous nous assujettissons volontairement.

Je ne prétends pas détruire par ce que je dis la confiance si nécessaire entre les hommes, puisqu'elle est le lien de la société et de l'amitié. Je prétends seulement y mettre des bornes et la rendre honnête et fidèle. Je veux qu'elle soit toujours vraie et toujours prudente, et qu'elle n'ait ni faiblesse ni intérêt. Je sais bien qu'il est malaisé de donner de justes limites à la manière de recevoir toute sorte de confiance de nos amis, et de leur faire part de la nôtre.

On se confie le plus souvent par vanité, par envie de parler, par le désir de s'attirer la confiance des autres, et pour faire un échange de secrets.

Il y a des personnes qui peuvent avoir raison de se fier en nous, vers qui nous n'aurions pas raison d'avoir la même conduite, et on s'acquitte avec ceux-ci en leur gardant le secret, et en les payant de légères confidences.

Il y en a d'autres dont la fidélité nous est connue, qui ne ménagent rien avec nous, et à qui on peut se confier par choix et par estime. On doit ne leur rien cacher de ce qui ne regarde que nous; se montrer à eux toujours vrai dans nos bonnes qualités et dans nos défauts mêmes, sans exagérer les unes et sans diminuer les autres; se faire une loi de ne leur faire jamais des demi-confidences; elles embarrassent toujours ceux qui les font, et ne contentent jamais ceux qui les reçoivent. On leur donne des lumières confuses de ce qu'on veut cacher; on augmente leur curiosité; on les met en droit de vouloir en savoir davantage, et ils se croient en liberté de disposer de ce qu'ils ont pénétré. Il est plus sûr et plus honnête de ne leur rien dire, que de se taire quand on a commencé à parler. Il y a d'autres règles à suivre pour les choses qui nous ont été confiées; plus elles sont importantes, et plus la prudence et la fidélité y sont nécessaires.

Tout le monde convient que le secret doit être inviolable; mais on ne convient pas toujours de la nature et de l'importance du secret. Nous ne consultons le plus souvent que nous-mêmes sur ce que nous devons dire et sur ce que nous devons taire. Il y a peu de secrets de tous les temps, et le scrupule de les révéler ne dure pas toujours.

On a des liaisons étroites avec des amis dont on connaît la fidélité; ils nous ont toujours parlé sans réserve, et nous avons toujours gardé les mêmes mesures avec eux. Ils savent nos habitudes et nos commerces, et ils nous voient de trop près pour ne pas s'apercevoir du moindre changement. Ils peuvent savoir par ailleurs ce que nous nous sommes engagés de ne dire jamais à personne. Il n'a pas été en notre pouvoir de les faire entrer dans ce qu'on nous a confié; ils ont peut-être même quelque intérêt de le savoir, on est assuré d'eux comme de soi, et on se voit réduit à la cruelle nécessité de perdre leur amitié, qui nous est précieuse, ou de manquer à la foi du secret. Cet état est sans doute la plus rude épreuve de la fidélité; mais il ne doit pas ébranler un honnête homme: c'est alors qu'il lui est permis de se préférer aux autres. Son premier devoir est de conserver indispensablement ce dépôt en son entier. Il doit non-seulement ménager ses paroles et ses tons, il doit encore ménager ses conjectures, et ne laisser rien voir dans ses discours ni dans son air, qui puisse tourner l'esprit des autres vers ce qu'il ne veut pas dire.

On a souvent besoin de force et de prudence pour les opposer à la tyrannie de la plupart de nos amis, qui se font un droit sur notre confiance, et qui veulent tout savoir de nous : on ne doit jamais leur laisser établir ce droit sans exception. Il y a des rencontres et des circonstances qui ne sont pas de leur juridiction ; s'ils s'en plaignent, on doit souffrir leurs plaintes, et s'en justifier avec douceur : mais s'ils demeurent injustes, on doit sacrifier leur amitié à son devoir, et choisir entre deux maux inévitables, dont l'un se peut réparer, et l'autre est sans remède.

2. De la Différence des Esprits.

Bien que toutes les qualités de l'esprit se puissent rencontrer dans un grand génie, il y en a néanmoins qui lui sont propres et particulières ; ses lumières n'ont point de bornes, il agit toujours également et avec la même activité ; il discerne les objets éloignés, comme s'ils étaient présents ; il comprend, il imagine les plus grandes choses ; il voit et connaît les plus petites : ses pensées sont relevées, étendues, justes et intelligibles : rien n'échappe à sa pénétration, et elle lui fait souvent découvrir la vérité au travers des obscurités qui la cachent aux autres.

Un bel esprit pense toujours noblement ; il produit avec facilité des choses claires, agréables et naturelles ; il les fait voir dans leur plus beau jour, et il les pare de tous les ornements qui leur conviennent; il entre dans le goût des autres, et retranche de ses pensées ce qui est inutile ou ce qui peut déplaire.

Un esprit adroit, facile, insinuant, sait éviter et surmonter les difficultés. Il se plie aisément à ce qu'il veut; il sait connaître l'esprit et l'humeur de ceux avec qui il traite; et, en ménageant leurs intérêts, il avance et il établit les siens.

Un bon esprit voit toutes choses comme elles doivent être vues; il leur donne le prix qu'elles méritent; il les fait tourner du côté qui lui est le plus avantageux, et il s'attache avec fermeté à ses pensées, parce qu'il en connaît toute la force et toute la raison.

Il y a de la différence entre un esprit utile et un esprit d'affaires; on peut entendre les affaires sans s'appliquer à son intérêt particulier: il y a des gens habiles dans tout ce qui ne les regarde pas, et très-malhabiles dans tout ce qui les regarde; et il y en a d'autres au contraire qui ont une habileté bornée à ce qui les touche, et qui savent trouver leur avantage en toutes choses.

On peut avoir tout ensemble un air sérieux dans l'esprit, et dire souvent des choses agréables et enjouées. Cette sorte d'esprit convient à toutes personnes et à tous les âges de la vie. Les jeunes gens ont d'ordinaire l'esprit enjoué et moqueur, sans l'avoir sérieux, et c'est ce qui les rend souvent incommodes.

Rien n'est plus aisé à soutenir que le dessein d'être toujours plaisant; et les applaudissements qu'on reçoit quelquefois, en divertissant les autres, ne valent pas que l'on s'expose à la honte de les ennuyer souvent quand ils sont de méchante humeur

La moquerie est une des plus agréables et des plus dangereuses qualités de l'esprit. Elle plaît toujours quand elle est délicate, mais on craint aussi toujours ceux qui s'en servent trop souvent. La moquerie peut néanmoins être permise quand elle n'est mêlée d'aucune malignité, et quand on y fait entrer les personnes mêmes dont on parle.

Il est malaisé d'avoir un esprit de raillerie sans affecter d'être plaisant, ou sans aimer à se moquer; il faut une grande justesse pour railler longtemps sans tomber dans l'une ou l'autre de ces extrémités.

La raillerie est un air de gaieté qui remplit l'imagination, et qui lui fait voir en ridicule les objets qui se présentent : l'humeur y mêle plus ou moins de douceur ou d'âpreté.

Il y a une manière de railler délicate et flatteuse, qui touche seulement les défauts que les personnes dont on parle veulent bien avouer, qui sait déguiser les louanges qu'on leur donne sous des apparences de blâme, et qui découvre ce qu'elles ont d'aimable, en feignant de le vouloir cacher.

Un esprit fin et un esprit de finesse sont très-différents. Le premier plaît toujours ; il est délié ; il pense des choses délicates, et voit les plus imperceptibles : un esprit de finesse ne va jamais droit ; il cherche des biais et des détours pour faire réussir ses desseins. Cette conduite est bientôt découverte ; elle se fait toujours craindre, et ne mène presque jamais aux grandes choses.

Il y a quelque différence entre un esprit de feu et un esprit brillant : un esprit de feu va plus loin avec plus de rapidité. Un esprit brillant a de la vivacité, de l'agrément et de la justesse.

La douceur de l'esprit est un air facile et accommodant, et qui plaît toujours quand il n'est point fade.

Un esprit de détail s'applique avec de l'ordre et de la règle à toutes les particularités des sujets qu'on lui présente. Cette application le renferme d'ordinaire à de petites choses; elle n'est pas néanmoins toujours incompatible avec de grandes vues, et quand ces deux qualités se trouvent ensemble dans un même esprit, elles l'élèvent infiniment au-dessus des autres.

On a abusé du terme de *bel-esprit*, et, bien que tout ce qu'on vient de dire des différentes qualités de l'esprit puisse convenir à un bel-esprit, néanmoins comme ce titre a été donné à un nombre infini de mauvais poëtes et d'auteurs ennuyeux, on s'en sert plus souvent pour tourner les gens en ridicule que pour les louer.

Bien qu'il y ait plusieurs épithètes pour l'esprit, qui paraissent une même chose, le ton et la manière de les prononcer y mettent de la différence : mais comme les tons et les manières ne se peuvent écrire, je n'entrerai point dans un détail qu'il serait impossible de bien expliquer. L'usage ordinaire le fait assez entendre ; et, en disant qu'un homme a de l'esprit, qu'il a beaucoup d'esprit, et qu'il a un bon esprit, il n'y a que les tons et les manières qui puissent mettre de la différence entre ces expressions, qui paraissent semblables sur le papier, et qui expriment néanmoins différentes sortes d'esprit.

On dit encore qu'un homme n'a qu'une sorte d'esprit, qu'il a de plusieurs sortes d'esprit, et qu'il a toutes sortes d'esprit.

On peut être sot avec beaucoup d'esprit, et on peut n'être pas sot avec peu d'esprit.

Avoir beaucoup d'esprit est un terme équivoque. Il peut comprendre toutes les sortes d'esprit dont on vient de parler, mais il peut aussi n'en marquer aucune distinctement. On peut quelquefois faire paraître de l'esprit dans ce qu'on dit, sans en avoir dans sa conduite. On peut avoir de l'esprit et l'avoir borné. Un esprit peut être propre à de certaines choses, et ne l'être pas à d'autres : on peut avoir beaucoup d'esprit et n'être propre à rien ; et avec beaucoup d'esprit on est souvent fort incommode. Il semble néanmoins que le plus grand mérite de cette sorte d'esprit est de plaire quelquefois dans la conversation.

Bien que les productions d'esprit soient infinies, on peut, ce me semble, les distinguer de cette sorte.

Il y a des choses si belles, que tout le monde est capable d'en voir et d'en sentir la beauté.

Il y en a qui ont de la beauté, et qui ennuient.

Il y en a qui sont belles et que tout le monde sent, bien que tous n'en sachent pas la raison.

Il y en a qui sont si fines et si délicates, que peu de gens sont capables d'en remarquer toutes les beautés.

Il y en a d'autres qui ne sont pas parfaites, mais qui sont dites avec tant d'art, et qui sont soutenues et conduites avec tant de raison et tant de grâce, qu'elles méritent d'être admirées.

8. Des Goûts.

Il y a des personnes qui ont plus d'esprit que de goût, et d'autres qui ont plus de goût que d'esprit. Il y a plus de variété et de caprice dans le goût que dans l'esprit.

Ce terme de *goût* a diverses significations, et il est aisé de s'y méprendre. Il y a différence entre le goût qui nous porte vers les choses et le goût qui nous en fait connaître et discerner les qualités en nous attachant aux règles.

On peut aimer la comédie sans avoir le goût assez fin et assez délicat pour en bien juger: et on peut avoir le goût assez bon pour bien juger de la comédie sans l'aimer. Il y a des goûts qui nous approchent imperceptiblement de ce qui se montre à nous, et d'autres nous entraînent par leur force ou par leur durée.

Il y a des gens qui ont le goût faux en tout, d'autres ne l'ont faux qu'en de certaines choses; et ils l'ont droit et juste dans tout ce qui est de leur portée. D'autres ont des goûts particuliers, qu'ils connaissent mauvais et ne laissent pas de les suivre. Il y en a qui ont le goût incertain; le hasard en décide : ils changent par légèreté, et sont touchés de plaisir ou d'ennui sur la parole de leurs amis. D'autres sont toujours prévenus; ils sont esclaves de tous leurs goûts, et les respectent en toutes choses. Il y en a qui sont sensibles à ce qui est bon, et choqués de ce qui ne l'est pas : leurs vues sont nettes et justes, et ils trouvent la raison de leur goût dans leur esprit et dans leur discernement.

Il y a des gens qui, par une sorte d'instinct dont ils ignorent la cause, décident de ce qui se présente à eux, et prennent toujours le bon parti. Ceux-ci font paraître plus de goût que d'esprit, parce que leur amour-propre et leur humeur ne prévalent point sur leurs lumières naturelles. Tout agit de concert en eux, tout y est sur un même ton. Cet accord les fait juger sainement des objets, et leur en forme une idée véritable : mais à parler généralement, il y a peu de gens qui aient le goût fixe et indépendant de celui des autres; ils suivent l'exemple et la coutume, et ils empruntent presque tout ce qu'ils ont de goût.

Dans toutes ces différences de goûts qu'on vient de marquer, il est très-rare et presque impossible de rencontrer cette sorte de bon goût qui sait donner le prix à chaque chose, qui en connait toute la valeur, et qui se porte généralement sur tout. Nos connaissances sont trop bornées, et cette juste disposition de qualités qui font bien juger ne se maintient d'ordinaire que sur ce qui ne nous regarde pas directement.

Quand il s'agit de nous, notre goût n'a plus cette justesse si nécessaire ; la préoccupation la trouble ; tout ce qui a du rapport à nous paraît sous une autre figure. Personne ne voit des mêmes yeux ce qui le touche, et ce qui ne le touche pas. Notre goût n'est conduit alors que par la pente de l'amour-propre et de l'humeur, qui nous fournissent des vues nouvelles, et nous assujettissent à un nombre infini de changements et d'incertitudes. Notre goût n'est plus à nous, nous n'en disposons plus. Il change sans notre consentement; et les mêmes objets nous paraissent par tant de côtés différents, que nous méconnaissons enfin ce que nous avons vu et ce que nous avons senti.

4. — De la Société.

Mon dessein n'est pas de parler de l'amitié en parlant de la société; bien qu'elles aient quelque rapport, elles sont néanmoins très-différentes : la première a plus d'élévation et d'humilité, et le plus grand mérite de l'autre est de lui ressembler.

Je ne parlerai donc présentement que

du commerce particulier que les honnêtes gens doivent avoir ensemble. Il serait inutile de dire combien la société est nécessaire aux hommes : tous la désirent et tous la cherchent; mais peu se servent des moyens de la rendre agréable et de la faire durer.

Chacun veut trouver son plaisir et ses avantages aux dépens des autres. On se préfère toujours à ceux avec qui on se propose de vivre, et on leur fait presque toujours sentir cette préférence ; c'est ce qui trouble et ce qui détruit la société. Il faudrait du moins savoir cacher ce désir de préférence, puisqu'il est trop naturel en nous pour nous en pouvoir défaire. Il faudrait faire son plaisir de celui des autres, ménager leur amour-propre, et ne le blesser jamais.

L'esprit a beaucoup de part à un si grand ouvrage; mais il ne suffit pas seul pour nous conduire dans les divers chemins qu'il faut tenir. Le rapport qui se rencontre entre les esprits ne maintiendrait pas longtemps la société, si elle n'était réglée et soutenue par le bon sens, par l'humeur et par les égards qui doivent être entre les personnes qui veulent vivre ensemble.

S'il arrive quelquefois que des gens opposés d'humeur et d'esprit paraissent unis,

Ils tiennent sans doute par des raisons étrangères, qui ne durent pas longtemps. On peut être aussi en société avec des per sonnes sur qui nous avons de la supériorité par la naissance, ou par des qualités personnelles ; mais ceux qui ont cet avantage n'en doivent pas abuser; ils doivent rarement le faire sentir, et ne s'en servir que pour instruire les autres. Ils doivent leur faire apercevoir qu'ils ont besoin d'être conduits, et les mener par la raison, en s'accommodant, autant que possible, à leurs sentiments et à leurs intérêts.

Pour rendre la société commode, il faut que chacun conserve sa liberté. Il ne faut point se voir, ou se voir sans sujétion, et pour se divertir ensemble. Il faut pouvoir se séparer sans que cette séparation apporte de changement. Il faut se pouvoir passer les uns des autres, si on ne veut pas s'exposer à embarrasser quelquefois; et on doit se souvenir qu'on incommode souvent, quand on croit ne pouvoir jamais incommoder. Il faut contribuer, autant qu'on le peut, au divertissement des personnes avec qui on veut vivre; mais il ne faut pas être toujours chargé du soin d'y contribuer.

La complaisance est nécessaire dans la société; mais elle doit avoir des bornes; elle devient une servitude quand elle est excessive. Il faut du moins qu'elle paraisse libre et qu'en suivant le sentiment de nos amis, ils soient persuadés que c'est le nôtre aussi que nous suivons.

Il faut être facile à excuser nos amis, quand leurs défauts sont nés avec eux, et qu'ils sont moindres que leurs bonnes qualités. Il faut souvent éviter de leur faire voir qu'on les ait remarqués, et qu'on en soit choqué. On doit essayer de faire en sorte qu'ils puissent s'en apercevoir eux-mêmes, pour leur laisser le mérite de s'en corriger.

Il y a une sorte de politesse qui est nécessaire dans le commerce des honnêtes gens : elle leur fait entendre raillerie, et elle les empêche d'être choqués, et de choquer les autres par de certaines façons de parler trop sèches et trop dures, qui échappent souvent sans y penser quand on soutient son opinion avec chaleur.

Le commerce des honnêtes gens ne peut subsister sans une certaine sorte de confiance ; elle doit être commune entre eux, il faut que chacun ait un air de sûreté et de discrétion qui ne donne jamais lieu de craindre qu'on puisse rien dire par imprudence.

Il faut de la variété dans l'esprit ; ceux qui n'ont que d'une sorte d'esprit ne peuvent pas plaire longtemps : on peut prendre des routes diverses, n'avoir pas les mêmes talents, pourvu qu'on aide au plaisir de la société, et qu'on y observe la même justesse que les différentes voix et les divers instruments doivent observer dans la musique.

Comme il est malaisé que plusieurs personnes puissent avoir les mêmes intérêts, il est nécessaire, au moins pour la douceur de la société, qu'ils n'en aient pas de contraires.

On doit aller au-devant de ce qui peut plaire à ses amis, chercher les moyens de leur être utile, leur épargner des chagrins, leur faire voir qu'on les partage avec eux, quand on ne peut les détourner, les effacer insensiblement sans prétendre de les arracher tout d'un coup, et mettre en la place des objets agréables, ou du moins qui les occupent. On peut leur parler de choses qui les regardent, mais ce n'est qu'autant qu'ils le permettent, et on y doit garder beaucoup de mesure. Il y a de la politesse, et quelquefois même de l'humanité à ne pas entrer trop avant dans les replis de leur cœur; ils ont souvent de la peine à laisser voir tout ce qu'ils en connaissent, et ils en ont encore davantage quand on pénètre ce qu'ils ne connaissent pas bien. Que le commerce que les honnêtes gens ont ensemble leur donne de la familiarité, et leur fournisse un nombre infini de sujets de se parler sincèrement.

Personne presque n'a assez de docilité et de bon sens pour bien recevoir plusieurs avis qui sont nécessaires pour maintenir la société. On veut être averti jusqu'à un certain point, mais on ne veut pas l'être en toutes choses et on craint de savoir toutes sortes de vérités.

Comme on doit garder des distances pour voir les objets, il en faut garder aussi pour la société; chacun a son point de vue, d'où il veut être regardé. On a raison le plus souvent de ne vouloir pas être éclairé de trop près, et il n'y a presque point d'homme qui veuille en toutes choses se laisser voir tel qu'il est.

5. De la Conversation.

Ce qui fait que peu de personnes sont agréables dans la conversation, c'est que chacun songe plus à ce qu'il a dessein de dire qu'à ce que les autres disent, et que l'on n'écoute guère quand on a bien envie de parler.

Néanmoins, il est nécessaire d'écouter ceux qui parlent. Il faut leur donner le temps de se faire entendre et souffrir même qu'ils disent des choses inutiles. Bien loin de les contredire et de les interrompre, on doit au contraire entrer dans leur esprit et dans leur goût, montrer qu'on les entend, louer ce qu'ils disent autant qu'il mérite d'être loué, et faire voir que c'est plutôt par choix qu'on les loue que par complaisance.

Pour plaire aux autres, il faut parler de ce qu'ils aiment et de ce qui les touche, éviter les disputes sur des choses indifférentes, leur faire rarement des questions, et ne leur laisser jamais croire qu'on prétend avoir plus de raison qu'eux.

On doit dire les choses d'un air plus ou moins sérieux, et sur des sujets plus ou moins relevés, selon l'humeur et la capacité des personnes que l'on entretient et leur céder aisément l'avantage de décider, sans les obliger de répondre, quand ils n'ont pas envie de parler.

Après avoir satisfait de cette sorte aux devoirs de la politesse, on peut dire ses sentiments en montrant qu'on cherche à les appuyer de l'avis de ceux qui écoutent, sans marquer de présomption ni d'opiniâtreté.

Evitons surtout de parler souvent de nous-mêmes, et de nous donner pour exemple. Rien n'est plus désagréable qu'un homme qui se cite lui-même à tout propos.

On ne peut aussi apporter trop d'application à connaître la pente et la portée de ceux à qui l'on parle, pour se joindre à l'esprit de celui qui en a le plus, sans blesser l'inclination ou l'intérêt des autres par cette préférence.

Alors on doit faire valoir toutes les raisons qu'il a dites, ajoutant modestement nos propres pensées aux siennes, et lui faisant croire autant qu'il est possible que c'est de lui qu'on les prend.

Il ne faut jamais rien dire avec un air d'autorité, ni montrer aucune supériorité d'esprit. Fuyons les expressions trop recherchées, les termes durs ou forcés, et ne nous servons point de paroles plus grandes que les choses.

Il n'est pas défendu de conserver ses opinions, si elles sont raisonnables. Mais il faut se rendre à la raison aussitôt qu'elle paraît, de quelque part qu'elle vienne; elle seule doit régner sur nos sentiments ; mais suivons-la sans heurter les sentiments des autres, et sans faire paraître du mépris de ce qu'ils ont dit.

Il est dangereux de vouloir être toujours le maître de la conversation, et de pousser trop loin une bonne raison, quand on l'a trouvée. L'honnêteté veut que l'on cache quelquefois la moitié de son esprit, et qu'on ménage un opiniâtre qui se défend mal, pour lui épargner la honte de céder.

On déplaît sûrement quand on parle trop longtemps et trop souvent d'une même chose, et que l'on cherche à détourner la conversation sur des sujets dont on se croit plus instruit que les autres, Il faut entrer indifféremment sur tout ce qui leur est agréable, s'y arrêter autant qu'ils le veulent et s'éloigner de tout ce qui ne leur convient pas.

Toute sorte de conversation, quelque spirituelle qu'elle soit, n'est pas également propre à toutes sortes de gens d'esprit. Il faut choisir ce qui est de leur goût et ce qui est convenable à leur condition, à leur sexe, à leurs talents et choisir même le temps de le dire.

Observons le lieu, l'occasion, l'humeur où se trouvent les personnes qui nous écoutent. Car s'il y a beaucoup d'art à savoir parler à propos, il n'y en a pas moins à savoir se taire. Il y a un silence éloquent qui sert à approuver et à condamner : il y a un silence de discrétion et de respect. Il y a enfin des tons, des airs et des manières, qui font tout ce qu'il y a d'agréable ou de désagréable, de délicat ou de choquant dans la conversation.

Mais le secret de s'en bien servir est donné à peu de personnes. Ceux mêmes qui en font des règles s'y méprennent souvent : et la plus sûre qu'on en puisse donner, c'est écouter beaucoup, parler peu, et ne rien dire dont on puisse avoir sujet de se repentir (1).

6. Du Faux.

On est faux en différentes manières. Il y a des hommes faux qui veulent toujours paraître ce qu'ils ne sont pas. Il y en a

(1) Dans le *Recueil de pièces d'histoire et de littérature*, Paris 1731, les Réflexions sur la Conversation diffèrent de celles qu'on vient de lire, ainsi qu'on pourra le voir par la citation suivante :

« Ce qui fait que si peu de personnes sont agréables dans la conversation, c'est que chacun songe plus à ce qu'il veut dire, qu'à ce que les autres disent. Il faut écouter ceux qui parlent si on en veut être écouté ; il faut leur laisser la liberté de se faire entendre, et même de dire des choses inutiles. Au lieu de les contraindre, et de les interrompre, comme on fait souvent, on doit au contraire entrer dans leur esprit et dans leur goût, montrer qu'on les entend, leur parler de ce qui les touche, louer ce qu'ils disent autant qu'il mérite d'être loué, et faire voir que c'est plus par choix qu'on les loue, que par complaisance.

» Il faut éviter de contester sur des choses indifférentes, faites rarement des questions inutiles ; ne laisser jamais croire qu'on prétend avoir plus de raison que les autres, et céder aisément l'avantage de décider. On doit dire des choses naturelles, faciles et plus ou moins sérieuses, selon l'humeur ou l'inclination des personnes que l'on entretient ; ne les presser pas d'approuver ce qu'on dit, ni même d'y répondre.

» Quand on a satisfait de cette sorte aux devoirs de la politesse, on peut dire ses sentiments sans prévention et sans opiniâtreté, en faisant paraître qu'on cherche à les appuyer de l'avis de ceux qui écoutent.

» Il faut éviter de parler longtemps de soi-même, et de se donner souvent pour exemple. On ne saurait avoir trop d'application à connaître la pente et la pensée de ceux à qui on parle, pour se joindre à l'esprit de celui qui en a le plus et pour ajouter ses pend'autres de meilleure foi, qui sont nés faux, qui se trompent eux-mêmes, et qui ne voient jamais les choses comme elles sont. Il y en a dont l'esprit est droit et le goût faux ; d'autres ont l'esprit faux et quelque droiture dans le goût ; il y en a

sées aux siennes, en lui faisant croire autant qu'il est possible, que c'est de lui qu'on les prend..

» Il y a de l'habileté à n'épuiser pas les sujets qu'on traite et à laisser toujours aux autres quelque chose à penser et à dire.

» On ne doit jamais parler avec des airs d'autorité, ni se servir de paroles ni de termes plus grands que les choses. On peut conserver ses opinions si elles sont raisonnables ; mais en les conservant, il ne faut jamais blesser les sentiments des autres, ni paraître choqué de ce qu'ils ont dit.

» Il est dangereux de vouloir être toujours le maître de la conversation, et de parler trop souvent d'une même chose. On doit entrer indifféremment sur tous les sujets agréables qui se présentent, et ne faire jamais voir qu'on veut entraîner la conversation sur ce qu'on a envie de dire.

» Il est nécessaire d'observer que toute sorte de conversation, quelque honnête et quelque spirituelle qu'elle soit, n'est pas également propre à toute sorte d'honnêtes gens ; il faut choisir ce qui convient à chacun, et choisir même le temps de le dire.

» Mais s'il y a beaucoup d'art à parler, il n'y en a pas moins à se taire. Il y a un silence éloquent ; il sert quelquefois à prouver ou à condamner ; il y a un silence moqueur ; il y a un silence respectueux.

» Il y a des airs, des tours et des manières qui font souvent ce qu'il y a d'agréable ou de désagréable, de délicat ou de choquant dans la conversation. Le secret de s'en bien servir est donné à peu de personnes ; ceux mêmes qui en font des règles s'y méprennent quelquefois ; la plus sûre à mon avis, c'est de n'en point avoir qu'on ne puisse changer, de laisser plutôt voir des négligences dans ce qu'on dit que de l'affectation, d'écouter, de ne parler guère, et de ne se forcer jamais à parler. »

qui n'ont rien de faux dans le goût ni dans l'esprit. Ceux-ci sont très-rares, puisqu'à parler généralement, il n'y a personne qui n'ait de la fausseté dans quelque endroit de l'esprit ou du goût.

Ce qui fait cette fausseté si universelle, c'est que nos qualités sont incertaines et confuses, et que nos goûts le sont aussi. On ne voit point les choses précisément comme elles sont : on les estime plus ou moins qu'elles ne valent, et on ne les fait point rapporter à nous en la manière qui leur convient, et qui convient à notre état et à nos qualités.

Ce mécompte met un nombre infini de faussetés dans le goût et dans l'esprit; notre amour-propre est flatté de tout ce qui se présente à nous sous les apparences du bien.

Mais comme il y a plusieurs sortes de biens, qui touchent notre vanité ou notre tempérament, on les suit souvent par coutume ou par commodité. On les suit, parce que les autres les suivent, sans considérer qu'un même sentiment ne doit pas être également embrassé par toutes sortes de personnes, et qu'on s'y doit attacher plus ou moins fortement, selon qu'il convient plus ou moins à ceux qui le suivent.

On craint encore plus de se montrer faux par le goût que par l'esprit. Les honnêtes gens doivent approuver sans prévention ce qui mérite d'être approuvé, suivre ce qui mérite d'être suivi, et ne se piquer de rien ; mais il y faut une grande proportion et une grande justesse. Il faut savoir discerner ce qui est bon en général, ce qui nous est propre, et suivre alors avec raison la pente naturelle qui nous porte vers les choses qui nous plaisent.

Si les hommes ne voulaient exceller que par leurs propres talents, et en suivant leurs devoirs, il n'y aurait rien de faux dans leur goût et dans leur conduite : ils se montreraient tels qu'ils sont ; ils jugeraient des choses par leurs lumières, et s'y attacheraient par raison. Il y aurait de la proportion dans leurs vues, dans leurs sentiments : leur goût serait vrai, il viendrait d'eux, et non pas des autres ; et ils le suivraient par choix, et non pas par coutume et par hasard.

Si on est faux en approuvant ce qui ne doit pas être approuvé, on ne l'est pas moins le plus souvent par l'envie de se faire valoir par des qualités qui sont bonnes de soi, mais qui ne nous conviennent pas. Un magistrat est faux quand il se pique d'être brave, bien qu'il puisse être hardi dans de certaines rencontres. Il doit être ferme et assuré dans une sédition qu'il a droit d'apaiser, sans crainte d'être faux, et il serait faux et ridicule de se battre en duel.

Une femme peut aimer les sciences; mais toutes les sciences ne lui conviennent pas : et l'entêtement de certaines sciences ne lui convient jamais, et est toujours faux.

Il faut que la raison et le bon sens mettent le prix aux choses; et qu'elles déterminent notre goût à leur donner le rang qu'elles méritent, et qu'il nous convient de leur donner. Mais presque tous les hommes se trompent dans ce prix et dans ce rang; et il y a toujours de la fausseté dans ce mécompte.

7. De l'Air et des Manières.

Il y a un air qui convient à la figure et aux talents de chaque personne : on perd toujours quand on le quitte pour en prendre un autre.

Il faut essayer de connaître celui qui nous est naturel, n'en point sortir, et le perfectionner autant qu'il nous est possible.

Ce qui fait que la plupart des petits enfants plaisent, c'est qu'ils sont encore renfermés dans cet air et dans ces manières que la nature leur a donnés, et qu'ils n'en connaissent point d'autres. Ils les changent et les corrompent quand ils sortent de l'enfance; ils croient qu'il faut imiter ce qu'ils voient, et ils ne le peuvent parfaitement imiter, il y a toujours quelque chose de faux et d'incertain dans cette imitation. Ils n'ont rien de fixe dans leurs manières, ni dans leurs sentiments; au lieu d'être en effet ce qu'ils veulent paraître, ils cherchent à paraître ce qu'ils ne sont pas.

Chacun veut être un autre, et n'être plus ce qu'il est; ils cherchent une contenance hors d'eux-mêmes, et un autre esprit que le leur; ils prennent des tons et des manières au hasard; ils en font des expériences sur eux, sans considérer que ce qui convient à quelques-uns ne convient pas à tout le monde, qu'il n'y a point de règle générale pour les tons et pour les manières, et qu'il n'y a point de bonnes copies.

Deux hommes néanmoins peuvent avoir du rapport en plusieurs choses, sans être copie l'un de l'autre, si chacun suit son naturel; mais personne presque ne le suit entièrement: on aime à imiter. On imite souvent, même sans s'en apercevoir, et on néglige ses propres biens pour des biens étrangers, qui d'ordinaire ne nous conviennent pas.

Je ne prétends pas, par ce que je dis, nous renfermer tellement en nous-mêmes, que nous n'ayons pas la liberté de suivre des exemples, et de joindre à nous des qualités utiles ou nécessaires, que la nature ne nous a pas données. Les arts et les sciences conviennent à la plupart de ceux qui s'en rendent capables. La bonne grâce et la politesse conviennent à tout le monde; mais ces qualités acquises doivent avoir un certain rapport et une certaine union avec nos propres qualités, qui les étendent et les augmentent imperceptiblement.

Nous sommes élevés à un rang et à des dignités au-dessus de nous, nous sommes souvent engagés dans une profession nouvelle, où la nature ne nous avait pas destinés. Tous ces états ont chacun un air qui leur convient, mais qui ne convient pas toujours avec notre air naturel. Ce changement de notre fortune change souvent notre air et nos manières, et y ajoute l'air de la dignité, qui est toujours faux quand il est trop marqué, et qu'il n'est pas joint et confondu avec l'air que la nature nous a donné. Il faut les unir et les mêler ensemble, et faire en sorte qu'ils ne paraissent jamais séparés.

On ne parle pas de toutes choses sur un même ton, et avec les mêmes manières. On ne marche pas à la tête d'un régiment, comme on marche en se promenant. Mais il faut qu'un même air nous fasse dire naturellement des choses différentes, et qu'il nous fasse marcher différemment, mais toujours naturellement et comme il convient de marcher à la tête d'un régiment et à une promenade.

Il y en a qui ne se contentent pas de renoncer à leur air propre et naturel pour suivre celui du rang et des dignités où ils sont parvenus. Il y en a même qui prennent par avance l'air des dignités et du rang où ils aspirent. Combien de lieutenants-généraux apprennent à être maréchaux de France : combien de gens de robe répètent inutilement l'air de chancelier, et combien de bourgeoises se donnent l'air de duchesses !

Ce qui fait qu'on déplait souvent, c'est que personne ne sait accorder son air et ses manières avec sa figure, ni ses tons et ses paroles avec ses pensées et ses sentiments : on s'oublie soi-même, et on s'en éloigne insensiblement ; tout le monde presque tombe par quelque endroit dans ce défaut ; personne n'a l'oreille assez juste pour entendre parfaitement cette sorte de cadence.

Mille gens déplaisent avec des qualités aimables ; mille gens plaisent avec de moindres talents. C'est que les uns veulent paraître ce qu'ils ne sont pas, les autres sont ce qu'ils paraissent, et enfin quelques avantages ou quelques désavantages que nous ayons reçus de la nature, on plaît à proportion de ce qu'on suit l'air, les tons, les manières et les sentiments qui conviennent à notre état et à notre figure, et on déplaît à proportion de ce qu'on s'en éloigne.

LETTRES [1]

—

A M**.

Les deux tiers de l'écrit qu'on m'a montré, et que l'on dit qui court sous mon nom, ne sont point de moi, et je n'y ai nulle part. L'autre tiers, qui est vers la fin, est tellement changé et falsifié dans toutes les parties et dans le sens, l'ordre et les termes, qu'il n'y a presque rien qui soit conforme à ce que j'ai écrit sur ce sujet-là ; c'est pourquoi je le désavoue comme une chose qui a été supposée par mes ennemis ou par la friponnerie de ceux qui vendent toute sorte de manuscrits sous quelque nom que ce puisse être.

Madame la marquise de Sablé, M. de Liancourt et M. Esprit ont vu ce que j'ai écrit pour moi seul. Ils savent qu'il est entièrement différent de celui qui a couru, et qu'il n'y a rien dedans qui ne soit

(1) Ces lettres de La Rochefoucauld ont été copiées sur les originaux ; ce ne sont en partie que des billets, mais elles intéressent par les détails qu'elles contiennent relativement aux *Maximes* ; elles font connaître surtout la manière dont ce recueil a été composé.

comme il doit être dans ce qui regarde M. le prince. M. de Liancourt le lui a témoigné, et il en a paru persuadé; ainsi il n'est pas nécessaire d'entrer davantage en matière, et je suis d'avis non-seulement qu'on ne dise plus rien là-dessus, mais qu'on ne réponde même autre chose que ce que je viens de dire, à quelque objection que l'on puisse faire.

Il faut aussi dire la même chose pour ce qui regarde M. de Longueville.

Pour ce qui est de l'article qui parle de l'affaire de l'Hôtel-de-Ville, il ne me paraît pas qu'il y ait rien dans ce que j'ai vu qui puisse déplaire à M. Esprit, puisqu'après avoir dit l'impression que cette affaire-là fit dans le monde, on me fait dire ensuite que je crois que M. le duc d'Orléans et lui n'y eurent aucune part. C'est, en effet, tout ce que je puis dire de cette action, dont je n'ai jamais eu de connaissance bien particulière, étant arrivée deux jours après celle de Saint-Antoine, qui est un temps où je n'étais pas en état d'entendre parler d'aucune affaire.

A la Marquise DE SABLÉ

Verteuil, 27 août.

Je suis bien fâché d'avoir appris par M. Esprit que vous continuez de faire les choses du monde les plus obligeantes pour moi; car je voulais être en colère contre vous de ne me faire jamais réponse, et de dire tous les jours mille maux de moi à La Plante; j'ai quelquefois envie de croire que c'est par malice que vous me faites tant de bien, et pour m'ôter le plaisir d'avoir sujet de me plaindre de vous. Au reste M. Esprit me mande qu'il est ravi de quelque chose que vous avez écrit. Je vous demande en conscience s'il est juste que vous écriviez de ces choses-là sans me les montrer : vous savez avec combien de bonne foi j'en ai usé avec vous, et que les sentences ne sont sentences qu'après que vous les avez approuvées. Il me parle aussi d'un laquais qui a dansé les tricotets sur l'échafaud où il allait être roué. Il me semble que voilà jusqu'où la philosophie d'un laquais méritait d'aller. Je crois que toute gaieté en cet état-là vous est bien suspecte. Je pensais avoir bientôt l'honneur de vous voir, mais mon voyage est un peu retardé. Je vous baise très-humblement les mains.

A LA MÊME.

Je ne pensais pas vous pouvoir faire des reproches dans un temps où vous me faites tant de bien; mais enfin je trouve que vos soins et vos bontés demandent toute autre chose de moi, que de souffrir patiemment votre silence. Je viens d'en faire mes plaintes à Gourville, qui va passer en Languedoc, en Provence et en Dauphiné, et qui sera cependant dans trois semaines à Paris. Il me parle si douteusement du jour du mariage, que je ne vous en puis rien dire d'assuré. Je suis même fâché qu'il n'ait rien remarqué de vos bons amis les Espagnols qui les fasse juger dignes de l'estime que je vous en ai vue faire. On ne parle que de la magnificence des habits de notre cour : il me semble que c'est mauvais signe pour ceux qui les portent, et qu'ils devraient souhaiter qu'on parlât d'eux aussi. Continuez-moi l'honneur de vos bonnes grâces, et croyez s'il vous plaît que personne du monde ne les souhaite et ne les estime tant que moi.

A LA MEME.

A la Tesne, le 21 juin.

J'étais assez persuadé que vous trouveriez des raisons pour justifier votre silence ; mais je ne croyais pas que vous voulussiez en même temps me reprocher de manquer de soin pour vous, et de curiosité pour savoir l'état où vous avez trouvé la personne que vous avez vue depuis peu. On m'en a dit des choses si différentes sur les sentiments qu'elle a pour moi, que j'avoue que vous m'obligerez sensiblement de me dire sans façon ce que vous en avez remarqué ; car, à vous parler franchement, je ne puis comprendre qu'une personne qui donne tous les jours des marques d'une piété si extraordinaire ait mieux aimé prendre le parti de se plaindre de moi avec aigreur, et de m'accuser d'avoir fait un ouvrage qu'elle connait bien que je n'ai pas fait, que d'ajouter foi au témoignage que vous lui en avez rendu. Ce que je vous en dis ne changera jamais rien à la conduite respectueuse que je me suis imposée sur son sujet ; mais je voudrais bien savoir par une personne qui voit les replis du cœur comme vous, quels sont ses véritables sentiments pour moi ; je veux dire si elle a cessé de me haïr par dévotion ou par lassitude, ou pour avoir connu que je n'ai pas eu tout le tort qu'elle avait cru. Enfin je vous demande de m'apprendre ce qui vous a paru là-dessus ; car je croirai bien mieux ce que vous m'en direz que tout ce que j'ai vu d'ailleurs. Je ne vous dirai rien de ma belle-fille, puisque La Plante vous en a assez entretenue, si ce n'est que tout de bon il n'y a jamais eu une meilleure et plus commode personne ; elle est aussi enfant presque que quand elle a eu l'honneur de vous voir ; mais avec cela elle a de l'esprit et de la douceur, et une complaisance admirable. Vous ne vous plaindrez plus, après avoir lu cette lettre, de ma paresse ni de mon peu de curiosité ; mais je crains bien que vous ne vous plaigniez de sa longueur ; mais plus je vous en ferais d'excuses ici, et plus j'augmenterais ma faute.

A LA MÊME

C'est ce que vous m'avez envoyé qui me rend capable d'être gouverneur de M. le Dauphin, depuis l'avoir lu, et non pas ces sentences que j'ai faites. Je n'ai en ma vie rien vu de si beau, ni de si judicieusement écrit. Si cet ouvrage-là était publié, je crois que chacun serait obligé en conscience de le lire, car rien au monde ne serait si utile : il est vrai que ce serait faire le procès à bien des gouverneurs que je connais. Tout ce que j'apprends de cette morte dont vous me parlez me donne une curiosité extrême de vous en entretenir ; vous savez que je ne crois que vous sur de certains chapitres, et surtout sur les replis du cœur. Ce n'est pas que je ne croie tout ce qu'on dit là-dessus, mais enfin je croirai l'avoir vu quand vous me l'aurez dit vous-même. J'ai envoyé des sentences à M. Esprit pour vous les montrer, mais il ne m'a point encore fait réponse, et il me semble que c'est mauvais signe pour les sentences. Je vous baise très-humblement les mains, et je vous assure, madame, que personne du monde n'a tant de respect pour vous que moi.

A M. ESPRIT

Le 9 septembre.

Vous allez voir que vous vous fussiez bien passé de me demander des nouvelles de ma femme, car sans cela je manquais de prétextes de vous accabler encore de sentences. Je vous dirai donc que ma femme a toujours la fièvre, et que je crains qu'elle ne se tourne en quarte : le reste des malades se porte mieux ; mais, pour retourner à nos moutons, il ne serait pas juste que vous fussiez paix et aise à Paris avec Platon, pendant que je suis à la merci des sentences que vous avez suscitées pour troubler mon repos. Voici ce que vous aurez par le courrier.

Il faut avouer que la vertu, par qui nous nous vantons de faire tout ce que nous faisons de bien, n'aurait pas toujours la force de nous retenir dans les règles de notre devoir, si la paresse, la timidité ou la honte ne nous faisaient voir les inconvénients qu'il y a d'en sortir.

L'amour de la justice n'est que la crainte de souffrir l'injustice.

Il n'y a pas moins d'éloquence dans le ton de la voix que dans le choix des paroles.

On ne donne des louanges que pour en profiter.

La souveraine habileté consiste à bien connaître le prix de chaque chose.

Si on était assez habile, on ne ferait jamais de finesse ni de trahisons.

Il n'y a que Dieu qui sache si un procédé net, sincère et honnête est plutôt un effet de probité que d'habileté.

La plupart des hommes s'exposent assez à la guerre pour sauver leur honneur, mais peu se veulent toujours exposer autant qu'il est nécessaire pour faire réussir le dessein pour lequel on s'exposé.

Je ne sais si vous l'entendrez mieux ainsi; mais je veux dire qu'il est assez ordinaire de hasarder sa vie pour s'empêcher d'être déshonoré; mais quand cela est fait, on en est assez content pour ne se mettre pas d'ordinaire fort en peine du succès de la chose que l'on veut faire réussir, et il est certain que ceux qui s'exposent tout autant qu'il est nécessaire pour prendre une place que l'on attaque, ou pour conquérir une province, ont plus de mérite, sont meilleurs officiers, et ont de plus grandes et de plus utiles vues que ceux qui s'exposent seulement pour mettre leur honneur à couvert, et il est fort commun de trouver des gens de la dernière espèce que je viens de dire, et fort rare d'en trouver de l'autre. Pour moi, si c'est ici de la glose d'Orléans, si vous avez encore la dernière lettre que je vous ai écrite, je vous prie de mettre sur le ton de sentences ce que je vous ai mandé de ce mouchoir et des tricotets; sinon, renvoyez-la-moi pour voir ce que j'en pourrai faire. Mais faites-le vous-même, je vous en conjure, si vous le pouvez. Je vous prie de savoir de madame de Sablé si c'est un des effets de l'amitié tendre de ne faire jamais réponse aux gens qu'elle aime, et qui écrivent dix fois de suite. L. R.

Je me dédis de tout ce que je vous mande contre madame de Sablé, car je viens de recevoir ce que je lui avais demandé, avec la lettre la plus tendre et la meilleure du monde. Depuis vous avoir écrit tantôt, la fièvre a pris à ma femme, et elle l'a double quarte. Je souhaite que madame votre femme et vous soyez en meilleure santé.

AU MÊME

La faiblesse fait commettre plus de trahisons que le véritable dessein de trahir.

Un habile homme doit savoir régler le rang de ses intérêts et les conduire chacun dans son ordre ; notre avidité le trouble souvent en nous faisant courir à tant de choses à la fois. De là vient que, pour désirer trop les moins importantes, nous ne les faisons pas assez servir à obtenir les plus considérables.

On est presque toujours assez brave pour sortir sans honte des périls de la guerre ; mais peu de gens le sont assez pour s'exposer toujours autant qu'il est nécessaire pour faire réussir le dessein pour lequel on s'expose.

Le caprice de l'humeur est encore plus bizarre que celui de la fortune.

Vous n'aurez que cela pour cette heure. Mandez ce qu'il en faut changer. Je ne sais plus aucunes de vos nouvelles, ni domestiques, ni chrétiennes, ni politiques. Je crois que j'irai cet hiver à Paris, et que nous recommencerons de belles moralités au coin du feu. Cependant apprenez-moi l'état où vous êtes, et qui vous fréquentez. J'ai tout de bon ici des occupations plus agréables que vous n'aviez cru, et ma belle-fille est la plus aimable petite créature qui se puisse voir. Je vous prie de montrer à madame de Sablé nos dernières sentences ; cela lui redonnera peut-être envie d'en faire, et songez-y aussi de votre côté, quand ce ne serait que pour grossir notre volume. Il n'y a personne ici qui ne se plaigne de vous, et qui ne s'attendît à quelque marque de votre souvenir. Pour moi, qui connais son étendue, je n'ai pas cru qu'il vous obligeât à de grands soins. Je vous conjure de m'envoyer la condamnation de Brutus ; je vous déclare que jusqu'ici je suis pour lui contre vous.

A Madame ***.

J'envoie savoir de vos nouvelles, et si vous vous êtes souvenue de ce que vous m'aviez promis. Je vous ai cherché un écrivain qui fera mieux que l'autre. Je vous renvoie l'écrit de M. Esprit que j'emportai dernièrement avec ce que vous m'avez donné, et je vous envoie aussi ce qui est ajouté aux sentences que vous n'avez point vues. Comme c'est tout ce que j'ai, je vous supplie très-humblement qu'il ne se perde pas, et de me mander quand je pourrai avoir l'honneur de vous voir, pour prendre congé de vous.

A LA MÊME

Je vous envoie un placet que je vous supplie très-humblement de vouloir recommander à M. de Marillac, si vous avez du crédit vers lui, ou de faire que madame la comtesse de Maure le donne avec une recommandation digne d'elle. Je n'ai pu refuser cet office à une personne à qui je dois bien plus que cela, et afin que vous n'ayez point de scrupule, cette personne est madame de Linières. J'aurai l'honneur de vous voir dès que je serai de retour d'un voyage de cinq ou six jours que je vais faire en Normandie. Je n'ai pas vu de maximes depuis longtemps : je crois pourtant qu'en voici une.

Il n'appartient qu'aux grands hommes d'avoir de grands défauts.

A Mademoiselle D'AUMALE

7 octobre.

Il paraît bien que vous connaissez vos forces : vous m'écrivez hardiment comme si vous aviez songé en moi depuis que je suis parti ; vous me faites des excuses de ne me mander point de nouvelles du monde. Vous savez pourtant bien en votre conscience que ce n'est pas de celles-là que je vous demande, puisque vous voulez tant en savoir des miennes. Je vous dirai que je ne sais si c'est l'intention d'aller à Barèges qui me porte bonheur, ou quelque autre intention ; mais enfin je crois que je mettrai bientôt le bâton au croc ; il me semble que cela veut dire, jeter le froc aux orties. Vous m'en direz des nouvelles cet hiver. J'en ai eu de Richelieu, où on a fait des merveilles. Mesdames de Frontenac et Luine voulaient venir ici ; mais on m'a dit qu'elles s'en revont à l'Isle avec mademoiselle votre sœur. J'espère que je les y trouverai encore. M. le maréchal d'Albret les verra plus tôt que moi : il s'en retourne aussi vite qu'il est venu. Je ne puis croire que madame de Mequelbourg toute seule ait la gloire de lui faire faire tant de chemin. Il en sera ce qui plaira à Dieu, et moi, je serai toujours plus respectueusement que personne du monde,

Votre très-humble et très-obéissant serviteur. L. R.

Je crois que ce ne serait pas être si respectueux que je dis, si j'osais rendre grâces ici à madame la duchesse de Montausier de l'honneur qu'elle me fait de se souvenir de moi. Je voudrais pourtant bien qu'elle sût combien je lui en suis obligé.

A Madame **.

Ce mardi matin.

Vous ne sauriez faire plus belle charité que de permettre que le porteur de ce billet puisse entrer dans les mystères de la marmelade et de vos véritables confitures, et je vous supplie très-humblement de faire en sa faveur tout ce que vous pourrez. Je passerai après dîner chez vous pour avoir l'honneur de vous voir si vous me le voulez permettre. Il me semble que nous avons bien des choses à dire. Songez s'il vous plaît à me donner vos maximes, car je m'en vais dans quatre jours.

A Mademoiselle D'AUMALE

Verteuil, 4 décembre.

Hélas, je croyais que vous étiez au milieu des pompes et des félicités de la cour et je n'ai rien su de l'état où vous avez été ; personne assurément n'a osé me l'apprendre : cette excuse est bonne pour me justifier auprès de vous, mais elle ne me justifie pas auprès de moi, et mon cœur, qui me dit tant de belles choses de vous, devrait bien aussi me dire quand vous êtes malade. Pour moi, mademoiselle, je n'ai pas eu la goutte depuis que vous m'avez défendu de l'avoir, et le respect que j'ai pour vous a plus de vertu que Barèges : je ne sais si le remède n'est point pire que le mal, et si je ne vous prierai point à la fin de me laisser ma goutte. Après tout je serai dans trois semaines à l'Isle ; vous ne vous aviserez jamais de m'écrire avant que je parte ; mais tout au moins mandez-y l'état de votre santé. J'espère que je vous porterai assez de nouvelles de ce lieu-là pour faire ma cour auprès de vous et pour faire peur à vos voisins. Grands dieux qu'ai-je pensé faire ? J'allais finir ma lettre sans mettre

Votre très-humble, très-obéissant, et très-fidèle serviteur.

A LA MARQUISE DE SABLÉ

Après tout ce que vous avez fait pour moi, il me semble qu'il serait plus juste de vous en rendre de très-humbles grâces, que de vous donner de nouvelles peines. Cependant je vous supplie, madame, de trouver bon qu'un de mes amis vous rende compte de l'affaire que vous avez si bien soutenue, et de vouloir me mander vos sentiments sur ce qu'il vous dira. Je n'ose vous demander pardon comme je devrais, d'en user si librement, parce qu'un compliment est une marque de reconnaissance dont je crois que vous me dispenserez aisément.

A LA MÊME

Ce mercredi soir.

Je suis au désespoir de m'en retourner à Liancourt sans avoir l'honneur de vous voir, et de vous rendre compte de nos prospérités : car enfin, vous savez bien, madame, que quelque agréables qu'elles me puissent être d'elles-mêmes, elles me le sont encore davantage par le plaisir que j'ai de vous entretenir. Je ferai tout ce que je pourrai pour aller prendre congé de vous à Auteuil avant que de commencer mon grand voyage. Cependant s'il y a quelque sentence nouvelle, je vous supplie très-humblement de me l'envoyer. M. Esprit a admiré celle de la jalousie.

A LA MÊME

Vous croirez sans doute que j'arrive de Poitou ; mais la vérité est qu'il y a un mois que j'ai la goutte, et qu'ainsi je n'ai pu vous rendre mes devoirs. Au reste, madame, je vous supplie très-humblement de vouloir bien témoigner à M. le commandeur de Souvré que vous lui savez gré de m'avoir rendu auprès de M. le cardinal mille offices dont je l'avais prié en partant, et de s'en être acquitté avec tout le soin et toute l'adresse imaginables. Il a fait cela le plus obligeamment du monde pour moi, et j'espère que vous me ferez l'honneur d'y prendre part. Je partirai dans deux jours, bien que je ne marche point encore : cela m'empêchera d'aller prendre congé de vous, et de savoir l'état de votre santé, dont je vous demande des nouvelles, et de me croire plus avant que personne du monde, etc.

A LA MÊME

Ce lundi au soir.

Je sais qu'on dîne chez vous sans moi, et que vous faites voir des sentences que je n'ai pas faites, dont on ne me veut rien dire : tout cela est assez désobligeant pour vous demander permission de vous en aller faire mes plaintes demain tout de bon. Que la honte de m'avoir tant offensé ne vous empêche pas de souffrir ma présence, car ce serait encore augmenter mon juste ressentiment. Prenez donc, s'il vous plaît, le parti de le faire finir ; car je vous assure que je suis fort disposé à oublier le passé, pour peu que vous vouliez le réparer.

A LA MÊME

Je vous envoie vos sentences d'aujourd'hui, et j'ai écrit à M. Esprit, pour venir demain voir l'ouvrage tout entier. Je vous supplie très-humblement de ne rien dire à personne de l'espérance que je vous ai dit que j'avais que mademoiselle de Liancourt vous ferait gagner votre gageure, car on pourrait lui écrire des choses qui fortifieraient les sentiments contraires à ceux que je lui souhaite.

A LA MÊME

Ce mardi matin.

Vous voyez bien que je suis incorrigible, puisque je demande encore à vous voir après tout ce que vous me faites. Il est pourtant nécessaire que j'aie cet honneur-là pour une affaire dont je suis chargé de vous parler. Mandez-moi donc si les affaires n'auront pas plus de pouvoir sur votre dureté que l'amitié, et quand vous me permettrez d'aller chez vous.

A LA MÊME

Ce samedi.

Je vous envoie cette manière de préface pour les Maximes, mais comme je la dois rendre dans deux heures, je vous supplie très-humblement, madame, de me la renvoyer par le même laquais qui vous porte ce billet. Je vous demande aussi de me dire ce que vous en trouvez.

A LA MÊME

Ce dimanche au soir,

Je ne sais plus d'inventions pour entrer chez vous : on me refuse la porte tous les jours ; je ne sais si la fille à qui j'ai parlé vous aura bien expliqué la grâce que je vous demande. C'est de me prêter pour une heure le discours que madame de Schomberg vous a envoyé sur les Maximes (1). Je vous supplie très-humblement de ne me refuser pas. Outre l'envie que j'ai de le voir, il est même nécessaire pour une raison que j'aurai l'honneur de vous dire.

(1) L'écrit que demande M. de la Rochefoucauld est vraisemblablement la lettre suivante, qui est attribuée à Madame de Schomberg, et dont il fut fait dans le temps un grand nombre de copies.

« J'ai cru hier tout le jour vous pouvoir renvoyer vos Maximes; mais il me fut impossible d'en trouver le temps, je voulais vous écrire et m'étendre sur leur sujet. Je ne puis pourtant vous en dire mon sentiment en détail. Tout ce qui me paraît en général, est qu'il y a en cet ouvrage beaucoup d'esprit, peu de bonté, et force vérités que j'aurais ignorées toute ma vie si l'on ne m'en avait fait apercevoir. Je ne suis pas parvenue à cette habileté d'esprit où l'on ne connaît dans le monde ni honneur, ni bonté, ni probité. Je croyais qu'il y en pouvait avoir ; cependant, après la lecture de cet écrit, je demeure persuadée qu'il n'y en a point. Ce que je puis vous en dire de plus vrai, est que je les entends toutes comme si je les avais faites, quoique bien des gens y trouvent de l'obscurité en bien des endroits. Il y en a qui me charment comme : *L'esprit est toujours la dupe du cœur*. Je ne sais si vous l'entendez comme moi, mais je l'entends, ce me semble, bien joliment, et voici comment : c'est que l'esprit croit toujours, par son habileté et par ses raisonnements faire faire au cœur ce qu'il veut ; mais il se trompe, il en est la dupe ; c'est toujours le cœur qui fait agir l'esprit ; l'on sert tous ses mouvements malgré que l'on en ait, et l'on les suit même sans croire les suivre. Cela se connaît mieux en galanterie qu'aux autres actions, et je me souviens de certains vers sur ce sujet, qui ne sont pas mal à propos :

La raison sans cesse raisonne
Et jamais n'a guéri personne,
Et le dépit le plus souvent
Rend plus amoureux que devant.

Je vous donne toutes les sûretés que vous pouvez désirer pour le secret; mais au nom de Dieu ayez la bonté de m'envoyer cet écrit par le retour de ce laquais.

A LA MÊME

Verteuil, 5 décembre.

Ce que vous me faites l'honneur de me

» Il y en a encore une qui me paraît bien véritable, c'est celle qui dit que la félicité est dans le goût, et non pas dans les choses. C'est pour avoir ce qu'on aime qu'on est heureux, et non pas ce que les autres trouvent aimable. Mais ce qui m'a été tout nouveau, et ce que j'admire, est que la paresse, toute languissante qu'elle est, détruit toutes les passions. Il est vrai, et l'on a bien fouillé dans l'âme, pour y trouver un sentiment si caché, mais si véritable, que je crois que nulle de ces maximes ne l'est davantage. Je suis ravie de savoir que c'est à la paresse à qui l'on a l'obligation de la destruction de toutes les passions. Je pense que l'on doit l'estimer présentement, comme la seule vertu qu'il y a dans le monde, puisque c'est elle qui déracine tous les vices. Comme je lui ai toujours porté beaucoup de respect, je suis fort aise qu'elle ait un si grand mérite.

» Que dites-vous aussi, madame, de ce que chacun se fait un extérieur et une mine qu'il met en la place de ce qu'il veut paraître, au lieu de ce qu'il est? Il y a longtemps que je l'ai pensé, et que j'ai dit que tout le monde était en mascarade, et mieux déguisé que l'on ne l'est à celle du Louvre.

» Je ne sais si cela réussira imprimé comme en manuscrit; mais si j'étais du conseil de l'auteur, je ne voudrais point qu'il mît au jour ces mystères, qui ôteront à tout jamais la confiance qu'on pourrait prendre en lui : il montre d'en savoir tant là-dessus, et il paraît si fin, qu'il ne saurait plus mettre en usage cette souveraine habileté qui est de ne paraître point en avoir. Je vous dis à bâtons rompus tout ce qui me reste dans l'esprit de cette lecture. Je ne pense qu'à vous obéir ponctuellement, et en le faisant, je crois ne pouvoir faillir, quelque sottise que je puisse dire. »

mander, me confirme dans l'opinion que j'ai toujours eue, que l'on ne saurait jamais mieux faire que de suivre vos sentiments, et que rien n'est si avantageux que d'être de votre parti. Le père Esprit me mande néanmoins que M. son frère n'en est pas, et qu'il nous veut détromper. Je souhaite bien plus qu'il en vienne à bout, que je ne crois qu'il le puisse faire. Je vous rends mille très humbles grâces de ce que vous avez eu la bonté de dire à M. le commandeur Souvré. J'espère suivre bientôt son conseil, et avoir l'honneur de vous voir à Noël. J'avais toujours bien cru que madame la comtesse de Maure condamnerait l'intention des *sentences*, et qu'elle se déclarerait pour la vérité des vertus. C'est à vous, madame, de me justifier, s'il vous plaît, puisque j'en crois tout ce que vous en croyez. Je trouve la sentence de M. Esprit la plus belle du monde : je ne l'aurais pas entendue sans secours; mais à cette heure elle me paraît admirable. Je ne sais si vous avez remarqué que l'envie de faire des sentences se gagne comme le rhume : il y a ici des disciples de M. de Balzac qui en ont eu le vent, et qui ne veulent plus faire autre chose.

Je pensais vous rendre moi-même hier vos maximes.

A LA MÊME

C'est à moi, à cette heure, à faire des façons pour nos maximes, et, après avoir vu les vôtres, n'en espérez plus de moi. Je vous jure sur mon honneur que je ne les ai point fait copier, quoique je fusse fort en droit de le faire; et je vous assure de plus que je l'aurais fait si je n'espérais que vous consentirez à me les donner. Je vous mènerai, quand il vous plaira, M. de Corbinelly, qui meurt d'envie de vous montrer quelque chose. Vous nous avez fait un cruel tour, à M. l'abbé de La Victoire et à moi; vous le réparerez quand il vous plaira.

A LA MÊME

Ce 2 août.

Je vous envoie, madame, les maximes que vous voulez avoir : je n'en ai pas assez bonne opinion pour croire que vous les demandiez par une autre raison que par cette politesse qu'on ne trouve plus que chez vous. Je sais bien que le bon sens et le bon esprit conviennent à tous les âges, mais les goûts n'y conviennent pas toujours, et ce qui sied bien en un temps ne sied pas bien en un autre : c'est ce qui me fait croire que peu de gens savent être vieux. Je vous supplie très humblement de me mander ce qu'il faut changer à ce que je vous envoie. Madame de Frontenaux m'a promis de m'avertir quand elle irait chez vous : je me suis tellement paré devant elle de l'honneur que vous me faites de m'aimer, qu'elle en a bonne opinion de moi. Ne détruisez pas votre ouvrage, et laissez-lui croire là-dessus tout ce qui flatte le plus ma vanité.

---

1. La confiance fournit plus à la conversation que l'esprit.

2. L'amour nous fait faire des fautes comme les autres passions ; mais il nous en fait faire de plus ridicules.

3. Peu de gens savent être vieux.

4. La pénétration a un air de prophétie qui flatte plus notre vanité que toutes les autres qualités de l'esprit.

5. La plupart des amis dégoûtent de l'amitié, et la plupart des dévots dégoûtent de la dévotion.

6. Il y a plus de vieux fous que de jeunes.

7. Il est plus aisé de connaître tous les hommes en général, que de connaître un homme en particulier.

8. On ne doit pas juger du mérite d'un homme par ses grandes qualités, mais par l'usage qu'il en sait faire.

9. Ce qui fait que la plupart des femmes sont peu touchées de l'amitié, c'est qu'elle est fade quand on a senti de l'amour.

10. Les femmes qui aiment pardonnent plus aisément les grandes indiscrétions que les petites infidélités.

11. Ce qui nous empêche d'être naturels, c'est l'envie de le paraître.

12. C'est en quelque sorte se donner part aux belles actions que de les louer de bon cœur.

13. La plus veritable marque d'être né avec de grandes qualités, c'est d'être né sans envie.

14. La faiblesse est plus opposée à la vertu que le vice.

15. Ce qui fait que la honte et la jalousie sont les plus grands de tous les maux, c'est que la vanité ne nous aide pas à les supporter (1).

A LA MÊME

Ce samedi.

Vous me regardez toujours quand il vous

(1) Voici la réponse de madame de Sablé à la lettre contenant l'envoi de ces maximes :

« C'est votre complaisance plutôt que la mienne qui vous oblige à me faire part de vos maximes, parce que je n'en suis pas digne. Je vous dirai pourtant, monsieur, comme si je ne vous disais rien, qu'il me semble que,

Dans la 1re maxime, il faudrait expliquer quelle sorte de confiance; parce que celle qui n'est fondée que sur la bonne opinion que l'on a de soi-même, est différente de la sûreté que l'on prend avec les personnes à qui l'on parle.

La 4e est merveilleuse, et il n'y a rien de mieux pénétré.

Sur la 8e : Il n'y a point de vraies grandes qualités, si on ne les met en usage.

Sur la 10e : Il n'y a rien de mieux trouvé.

La 11e : est bien vraie ; car le naturel ne se trouve point où il y a de l'affectation.

La 12e : Il n'y a rien de si beau ni de si vrai.

La 13e : est très-belle.

La 14e : est très-vraie, car le vice se peut corriger par l'étude de la vertu, et la faiblesse est du tempérament, qui ne se peut quasi jamais changer.

Sur la 15e : Quand les amitiés ne sont point fondées sur la vertu, il y a tant de choses qui les détruisent que l'on a quasi toujours des sujets de s'en lasser. »

plait, madame, et il y a quelque chose de si vif dans les reproches que je vous fais, que j'ai souvent peur de m'y méprendre moi-même, et de me trouver trop sensible au bien et au mal que je reçois de vous. Quoi qu'il en soit, madame, je suis touché au dernier point des bontés que vous me faites l'honneur de me témoigner sur ce qui m'est arrivé, et la part que vous y prenez en augmente encore le prix. J'irai vous rendre mes très-humbles devoirs : je vous demanderais mille pardons de m'en acquitter si mal, si vous ne saviez que je n'ai que trop de légitimes excuses.

Les passions ne sont que les divers goûts de l'amour-propre.

La fortune nous corrige plus souvent que la raison, l'extrême ennui sert à nous désennuyer.

On loue et on blâme la plupart des choses parce que c'est la mode de les louer ou de les blâmer. Ce n'est d'ordinaire que dans les petits intérêts que nous consentons de ne point croire aux apparences.

Quelque bien qu'on dise de nous, on ne nous apprend rien de nouveau.

A LA MÊME

Vincennes, ce mardi matin.

Le pouvoir que les personnes que nous aimons ont sur nous est presque toujours plus grand que celui que nous avons nous-même.

L'intérêt est l'âme de l'amour-propre, de

sorte que comme le corps privé de son âme est sans vue, sans ouïe, sans connaissances, sans sentiment, sans mouvement, de même l'amour-propre séparé, s'il le faut dire ainsi, de l'intérêt, ne voit, n'entend, ne sent et ne remue plus ; de là vient qu'un même homme qui court la terre et les mers pour son intérêt devient soudainement paralytique pour l'intérêt des autres; de là vient le soudain assoupissement et cette mort que nous causons à tous ceux à qui nous contons nos affaires ; de là vient leur prompte résurrection, lorsque, dans notre narration, nous mêlons quelque chose qui les regarde, de sorte que nous voyons dans nos conversations et dans nos traités, que, dans un même moment, un homme perd connaissance et revient à soi, selon que son propre intérêt s'approche de lui ou qu'il s'en retire.

En voilà deux que je vous envoie pour vous reprocher votre ingratitude, de me laisser partir sans m'avoir donné les vôtres. Je m'en vais demain. En voici encore une :

En vieillissant, on devient plus fou et plus sage.

A LA MÊME

Ce vendredi au soir.

Ce qui fait tout le mécompte que nous voyons dans la reconnaissance des hommes, c'est que l'orgueil de celui qui donne et l'orgueil de celui qui reçoit ne peuvent convenir du prix du bienfait.

La vanité et la honte, et surtout le tempérament, font la valeur des hommes et la chasteté des femmes, dont on mène tant de bruit.

Il y a des gens dont tout le mérite consiste à dire et à faire des sottises utilement, et qui gâteraient tout s'ils changeaient de conduite.

On se console souvent d'être malheureux en effet, par un certain plaisir qu'on trouve à le paraître.

On admire fort ce qui éblouit, et l'art de savoir bien mettre en œuvre de médiocres qualités dérobe l'estime, et donne souvent plus de réputation que le véritable mérite.

L'imitation est toujours malheureuse, et tout ce qui est contrefait déplaît avec les mêmes choses qui charment lorsqu'elles sont naturelles.

Peu de gens connaissent la mort; on la souffre non par résolution, mais par la stupidité et par la coutume, et la plupart des hommes meurent parce qu'on meurt.

Les rois font des hommes comme des pièces de monnaie : ils les font valoir ce qu'ils veulent, et on est forcé de les recevoir selon leur cours, et non pas selon leur véritable prix.

Voilà tout ce que j'ai de maximes que vous n'ayez point; mais comme on ne fait rien pour rien, je vous demande un potage avec carottes, un ragoût de mouton et un de bœuf, comme ceux que nous eûmes lorsque M. le commandeur de Souvré dîna chez vous; de la sauce verte et un autre plat, soit un chapon aux pruneaux, ou telle autre chose que vous jugerez digne de votre choix. Si je pouvais espérer deux assiettes de ces confitures dont je ne méritais pas de manger d'autrefois, je croirais vous être redevable toute ma vie. J'envoie donc savoir ce que je puis espérer pour lundi à midi; on apportera tout cela dans mon carrosse, et je vous rendrai compte du succès de vos bienfaits. Je vous supplie très-humblement de me renvoyer les quatre maximes que nous fîmes dernièrement, et de vous souvenir que vous m'avez promis le *Traité de l'Amitié*, et ce que vous avez ajouté à l'*Education des Enfants*.

Qui vit sans folie n'est pas si sage qu'il croit.

A LA MÊME

Le 10 décembre.

Ce n'est pas assez pour moi d'apprendre de vos nouvelles parce qu'on a coutume de m'en mander; je vous supplie de me permettre de vous en demander de temps en temps à vous-même, et de souffrir, puisque je n'ai pu vous envoyer des truffes, que je vous présente au moins des maximes qui ne les valent pas; mais comme on ne fait rien pour rien en ce siècle-ci, je vous supplie de me donner en récompense le mémoire pour faire le potage de carottes, l'eau de noix et celle de mille fleurs; si vous avez quelque autre potage, je vous le demande encore.

Il semble que plusieurs de nos actions aient des étoiles heureuses ou malheureuses aussi bien que nous; d'où dépend une grande partie de la louange ou du blâme qu'on leur donne. Il n'y a d'amour que d'une sorte; mais il y en a mille différentes copies. — L'espérance et la crainte sont inséparables. L'amour aussi bien que le feu ne peuvent subsister sans un mouvement continuel, et il cesse de vivre dès qu'il cesse d'espérer ou de craindre. Il en est de l'amour comme de l'apparition des esprits : tout le monde en parle, mais peu de gens en ont vu. — L'amour prête son nom à un nombre infini de commerces qu'on lui attribue, où il n'a souvent guère plus de part que le doge n'en a à ce qui se fait à Venise. — Si nous n'avions point de défauts, nous ne serions pas si aises d'en remarquer aux autres. — Je ne sais si on peut dire de l'agrément séparé de la beauté, que c'est une symétrie dont on ne sait point les règles, et un rapport secret des traits ensemble, et des traits avec les couleurs et l'air de la personne. — La promptitude avec laquelle nous croyons le mal sans l'avoir assez examiné est souvent un effet de paresse qui se joint à l'orgueil : on veut trouver des coupables, et on ne veut pas se donner la peine d'examiner les crimes. — Ce qui fait croire si aisément que les autres ont des défauts, c'est la facilité que l'on a de croire ce qu'on souhaite. — Le pouvoir que les personnes que nous aimons ont sur nous est presque toujours plus grand que celui que nous y avons nous-même.—Le goût change; mais l'inclination ne change point.—Les défauts de l'âme sont comme les blessures du corps : quelque soin qu'on prenne de les guérir, la cicatrice paraît toujours, et elles se peuvent toujours rouvrir.

Ne croyez pas que je prétende mériter le potage de carottes : je sais que toutes les maximes du monde ne peuvent pas entrer en comparaison avec lui; mais je vous donne ce que j'ai, et j'attends tout de votre générosité. Mandez-moi, s'il vous plaît, si on les doit mettre au rang des autres, et ce qu'il y a à y changer. S'il vous en est venu quelqu'une, je vous supplie de m'en faire part, et de me continuer l'honneur de vos bonnes grâces.

L. R.

En voici une qui est venue en fermant ma lettre, qui me déplaira peut-être dès que le courrier sera parti.

La nature qui a pourvu à la vie de l'homme par la disposition des organes du corps, lui a sans doute encore donné l'orgueil pour lui épargner la douleur de connaître ses imperfections et ses misères.

A M.**

Verteuil, 21 octobre.

Je vous envoie l'opéra dont je vous ai parlé : je vous supplie que madame la marquise de Sablé le voie; car j'espère au moins qu'elle approuvera mon sentiment, et qu'elle sera de mon côté. Vous m'avez fait un très-grand plaisir d'avoir rectifié les sentences. Je prétends que vous en userez de même de l'opéra et de quelque autre chose que vous verrez, que l'on pourrait ajouter, ce me semble, à l'*Education des enfants*, que madame la marquise de Sablé m'a envoyée. Voilà écrire en vrai auteur, que de commencer par parler de ses ouvrages. Je vous dirai pourtant, comme si je ne l'étais pas, que je suis très-véritablement fâché du retranchement de vos rentes, et que si vous croyez que, pour en écrire à Gourville comme pour moi-même, cela vous fût bon à quelque chose, je le ferai assurément comme il faut. Ma femme a toujours la fièvre double quarte ; il y a pourtant deux ou trois jours qu'elle n'en a point eu. Je lui ai dit le soin que vous avez d'elle, dont elle vous rend mille grâces. Je pourrai bien vous voir cet hiver à Paris. Je vous donne le bonsoir.

L. R.

Au reste, je vous confesse à ma honte que je n'entends pas ce que veut dire *la vérité est le fondement et la raison de la beauté*. Vous me ferez un extrême plaisir de me l'expliquer quand vos rentes vous le permettront. Car enfin quelque mérite qu'aient les sentences, je crois qu'elles perdent bien de leur lustre dans un retranchement de l'Hôtel-de-Ville, et il y a longtemps que j'ai éprouvé que la philosophie ne fait des merveilles que contre les maux passés, ou contre ceux qui ne sont pas près d'arriver, mais qu'elle n'a pas grande vertu contre les maux présents. Je vous déclare donc que j'attendrai votre réponse tant que vous voudrez, mais je vous la demande aussi sur l'état de vos affaires. La honte me prend de vous envoyer des ouvrages. Tout de bon, si vous les trouvez ridicules, renvoyez-les-moi, sans les montrer à madame de Sablé.

A Madame de Sablé

Je pensais avoir l'honneur de vous voir aujourd'hui, et vous présenter moi-même mes ouvrages comme tout auteur doit faire; mais j'ai mille affaires qui m'en empêchent. Je vous envoie donc ce que vous m'avez ordonné de vous faire voir, et je vous supplie très-humblement que personne ne le voie que vous. Je n'ose vous demander à dîner devant que d'aller à Liancourt; car je sais bien qu'il ne vous faut pas engager de si loin; mais j'espère pourtant que vous me manderez vendredi au matin que je puis aller dîner chez vous: j'y mènerai M. Esprit si vous voulez. Enfin j'apporterai de mon côté toutes les facilités pour vous y faire consentir.

A la même

Je vous envoie un billet que madame de Puisieux m'écrit, où vous verrez que j'ai obéi à vos ordres, et qu'elle voudrait bien avoir de la poudre de vipère. Si vous avez la bonté de lui en envoyer, vous l'obligerez extrêmement. Souvenez-vous, s'il vous plaît, de faire copier vos maximes, et de me les donner à mon retour. Je vous baise très-humblement les mains, et je prends encore une fois congé de vous.

A LA MÊME

Vous vous moquez de M. de Mazarin et de moi; je n'ai que cela à vous dire. Il faudrait qu'il eût perdu l'esprit de prétendre ce que vous-même demandez, et je crois que je me plaindrai de vous, de m'avoir dit sérieusement ce qui est dans votre lettre. Quand il serait pape, vous vous moqueriez de lui, de le traiter si honorablement.

A LA MÊME

Si vous pouviez me devoir des excuses, ce serait de celles que vous venez de me faire et de la méchante opinion qu'il me semble que vous avez de moi. J'irai bientôt vous en faire mes plaintes et vous demander la continuation de mes anciens droits, qui sont d'être chassé de chez vous sans façon. Sans cela je ne serais jamais en repos, et je sais trop bien qu'on incommode souvent quand on est persuadé de n'incommoder jamais. Il me parut que vous fûtes bien contente de madame de Montespan; j'en ferai ma cour auprès d'elle. Je l'ai déjà faite auprès de M. le Grand-Prieur, surtout ce qu'il a fait pour M. le bailli de Valençay. J'aurai l'honneur de vous voir et de vous entretenir sur cela dès que je serai de retour de Saint-Germain.

A LA MÊME

Ce jeudi au soir.

Voilà encore une maxime que je vous envoie pour joindre aux autres. Je vous supplie de me mander votre sentiment des dernières que je vous ai envoyées. Vous ne pouviez pas les désapprouver toutes; car il y en a beaucoup de vous. Je ne partirai que lundi; j'espère d'aller prendre congé de vous

A LA MÊME

Je vous envoie ce que j'ai pris chez vous en partie. Je vous supplie très-humblement de me mander si je ne l'ai point gâté, et si vous trouvez le reste à votre gré. Souvenez-vous, s'il vous plaît, de la poudre de vipère, et de la manière d'en user.

De plusieurs actions diverses que la fortune arrange comme il lui plaît, il s'en fait plusieurs vertus. Le désir de vivre ou de mourir sont des goûts de l'amour-propre dont il ne faut non plus disputer que des goûts de la langue, ou du choix des couleurs. — Il n'est pas si dangereux de faire du mal à la plupart des hommes que de leur faire trop de bien. Ce qui fait tant disputer contre les maximes qui découvrent le cœur de l'homme, c'est que l'on craint d'y être découvert. — Dieu a permis pour punir l'homme du péché originel qu'il se fît un

Dieu de son amour-propre pour en être tourmenté dans toutes les actions de sa vie (1). — L'honneur acquis est caution de celui que l'on doit acquérir. — La vertu est un fantôme produit par nos passions, du nom duquel on se sert pour faire impunément tout ce qu'on veut. — On se mécompte toujours quand les actions sont plus grandes que les desseins. — L'intérêt, à qui on reproche d'aveugler les uns, est ce qui fait toute la lumière des autres.

A LA MÊME

Verteuil, le 28 octobre 16[illegible].

J'ai bien cru, madame, que vous auriez la bonté de me plaindre dans la perte que j'ai faite, et que vous auriez quelque compassion de la destinée d'une personne qui vous a toujours tant honorée, et à qui vous avez toujours témoigné tant d'amitié. J'ai dit à ma mère et à ma femme l'honneur que vous leur faites ; elles vous en rendent mille grâces très-humbles. Pour moi, madame, je crois que vous me faites bien la justice de croire que je reçois, comme je dois, toutes vos bontés, et que je suis plus que personne du monde votre très-humble et très-obéissant serviteur.

L. R.

A MADEMOISELLE SILLERY, sa nièce.

Paix ! chut ! lisez ma lettre tout bas :

(1) Dans le manuscrit les maximes suivantes sont d'une autre main que celle de La Rochefoucauld.

prenez garde que personne ne vous la voie lire : les murailles parlent. N'en dites mot à âme vivante; ma sœur mourrait de mort subite si elle savait le malheur qui est arrivé. Vraiment! c'est bien pis que le chevalier, c'est bien pis que si ses filles avaient fait faux bond, que si elle l'avait fait elle-même : Dieu me pardonne, et elle aussi. Enfin que vous dirai-je? Paris va abimer... Mais par où abimera-t-il? Vous croyez sans doute que c'est par le marais du Temple : point du tout, ma mie; c'est, l'oserai-je prononcer? Taisez-vous, bouchez toutes les fenêtres, éteignez les bougies, fermez les yeux, lisez à tâtons... C'est par le faubourg Saint-Jacques; nous sommes tous perdus, l'eussiez-vous cru? Par le faubourg Saint-Jacques! Quel faubourg, grand Dieu! à qui se fiera-t-on? Mais par qui le crime a-t-il été commis? Un disciple de Baron (1), un ami de la vérité, un demi-père de l'Église, P.... D. H. P. a été trouvé couché entre deux draps, non-seulement avec une femme, mais avec deux, dont l'une était sa cousine-germaine, et l'autre sa pénitente. Toutes les bonnes âmes ont quitté le quartier, et l'on croit qu'on va raser le faubourg.

A LA MÊME

Il me semble que vous vous mariez bravement sans me rien dire; j'avais cependant d'assez bons conseils à vous donner : mais la bonté de votre naturel et l'éduca-

(1) Vincent Baron, alors professeur de théologie.

tion de ma sœur vous ont appris, sans doute, tout ce que vous aviez à faire dans une telle occasion. J'aurais cependant fort souhaité de pouvoir être témoin de votre conduite ; je m'attends que vous m'en rendrez compte ; car sans cela, au lieu des prospérités que je vous souhaite, je vous souhaite les impossibilités, les jalousies réciproques, l'incompatibilité d'humeur, un beau-père amoureux de vous, une belle-mère acariâtre, des beaux-frères querelleurs, des belles-sœurs ennuyeuses, polies de campagne et aimant à lire de mauvais romans, de la fumée en hiver, des punaises en été, des fermiers qui payent mal, de fâcheux voisins, des procès en défendant, des valets qui vous volent, un méchant cuisinier, un confesseur moliniste, une femme de chambre qui ne sait pas bien peigner, un carrosse mal attelé, un cocher ivrogne, du linge sale, de l'eau trouble, du vin vert, du pain de Beauce, des créanciers impatients, un bailli chicaneur, des lévriers au coin de votre feu, des chats sur votre lit, un curé qui prêche mal et longtemps, un vicaire mauvais poëte. Je parlerais des enfants; mais l'impossibilité y pourvoira, si tant est qu'elle puisse y pourvoir : je m'en tais pour n'aller pas trop loin. Venez donc me voir quand ce sera fait, pour éviter tous ces malheurs, et pour vous rendre digne des biens que vous méritez, si vous faites votre devoir.

FIN.

Paris. — Imprimerie Nouvelle (assoc. ouv.), 11, rue Cadet
A. Mangeot, directeur.

Hamilton. Mémoires du Chevalier de Grammont. 2
Helvétius. De l'Esprit.... 4
Hérodote. Histoire....... 5
Homère. L'Iliade......... 3
— L'Odyssée............. 3
Horace. Poésies.......... 2
Jeudy-Dugour. Cromwell. 1
Juvénal. Satires. 1
La Boëtie. Discours sur la Servitude volontaire. 1
La Bruyère. Caractères.. 2
*La Fayette (M*me *de)*. La Princesse de Clèves.... 1
La Fontaine. Fables...... 2
— Contes et Nouvelles... 2
Lamennais. Paroles d'un Croyant.............. 1
— Le Livre du Peuple ... 1
— Passé et Av. du Peuple 1
— Le Purgatoire 1
— Le Paradis.. 1
La Rochefoucauld. Maximes et Réflexions.... . 1
Le Sage. Gil Blas....... 5
— Le Diable boiteux..... 2
— Bach. de Salamanque. 2
— Turcaret. Crispin rival. 1
*Lespinasse (M*lle *de)*. Lettres choisies........... 1
Linguet. Mémoires sur la Bastille............... 1
Longus. Daphnis et Chloé. 1
Lucien. Dialogues des Dieux et des Morts..... 1
Lucrèce. De la Nature des Choses................. 2
Mably. Droits et Devoirs. 1
— Entretiens de Phocion. 1
Machiavel. Le Prince.... 1
Maistre (X. de). Voyage autour de ma Chambre. 1
— Prisonn. du Caucase.. 1
Maistre (J. de). Soirées de Saint-Pétersbourg .. 1
Malherbe. Poésies 1
Marivaux. Théâtre....... 2
Marmontel. Les Incas.... 2
— Bélisaire 1
Massillon. Petit Carême . 1
Mercier. Tableau de Paris. 3
— L'An 2440............. 3
Milton. Paradis perdu.... 2
Mirabeau. Sa Vie, ses Opinions, ses Discours 5
Molière. Tartufe. Dépit, 1 v ; Don Juan. Précieuses, 1 v.; Bourgeois Gentilhomme. Comtesse d'Escarbagnas, 1 v.; Misanthrope. Femmes savantes, 1 v.; L'Avare. George Dandin, 1 v.; Malade imaginaire. Fourberies de Scapin, 1 v.; L'Etourdi. Sganarelle, 1 v ; L'Ecole des Femmes. Critique de l'Ecole des Femmes, 1 v.; Médecin malgré lui. Mariage forcé. Sicilien, 1 v.; Amphitryon. Ecole des Maris, 1 v.; Pourceaugnac. Les Fâcheux. L'Amour médecin..... 1
Montaigne. Essais (1er liv.) 1
Montesquieu. Lettres persanes................. 2
— Grandeur et Décadence des Romains........... 1
— Le Temple de Gnide.. 1
Ovide. Métamorphoses... 3
Parny. Guerre des Dieux. Le Paradis perdu...... 1
Pascal. Pensées 1
— Lettres provinciales .. 2
Perrault. Contes 1
Pétrarque. Mon Secret... 1
Pierre Leroux. Malthus et les Economistes........ 2
Pigault-Lebrun. Citateur. 1
— Mon Oncle Thomas... 2
— L'Enfant du Carnaval. 2
Piron. La Métromanie ... 1
Platon. Apologie de Socrate. Criton. Phédon.. 1
Plutarque. Vies de César, Tibérius et Caïus Gracchus.................. 1
— Vies de Pompée. Sertorius.................. 1
— Vies de Démosthène, Cicéron, Caton le Censeur.
— Vies de Marcellus, Marius, Sylla. ....

Plutarque. Vies de Periclès, Fabius Maximus, Coriolan........ 1
Prévost. Manon Lescaut. 1
Quinte-Curce. Histoire d'Alexandre le Grand... 3
Rabelais. Œuvres........ 5
Racine. Esther. Athalie.. 1
— Phèdre. Britannicus... 1
— Andromaque. Plaideurs 1
— Iphigénie. Mithridate.. 1
— Bérénice. Bajazet..... 1
Regnard. Voyages........ 1
— Le Joueur. Les Folies. 1
— Le Légataire universel. 1
Roland (*Mme*). Mémoires.. 4
Rousseau (J.-J.). Emile, 4 v.; Contrat social, 1 v.; De l'Inégalité, 1 v.; La Nouvelle Héloïse, 5 v.; Confessions....... 5
Saint-Réal. Don Carlos. Conjuration cont. Venise. 1
Salluste. Catilina, Jugurtha 1
Scarron. Roman comique. 3
— Virgile travesti........ 3
Schiller. Les Brigands... 1
— Guillaume Tell........ 1
Sedaine. Philosophe sans le savoir. La Gageure. 1
Sévigné (*Mme de*). Lettres choisies........... 2
Shakespeare. Hamlet, 1 v.; Roméo et Juliette, 1 v.; Othello, 1 v.; Macbeth, 1 v.; Le Roi Lear, 1 v.; Le Marchand de Venise, 1 v.; Joyeuses Commères, 1 v.; Le Songe d'une Nuit d'été, 1 v.; La Tempête, 1 v.; Vie et Mort de Richard III, 1 [...] Henry VIII, 1 v.; Be[...] coup de bruit pour r[...] 1 v.; Jules César,....
Sheridan. L'Ecole de[...] Médisance ....
Sophocle. Œdipe-Roi. A[...]tigone... ....
Sterne. Voyage sentime[...]
— Tristram Shandy...
Suétone. Douze Césars
Swift. Voyages de Gulli[...]
Tacite. Mœurs des G[...]mains. Vie d'Agricola
— Annales de Tibère.
Tasse. Jérusalem déli[...]
Tassoni. Seau enlevé[...]
Théroulde. La Chanson [...] Roland.............
Tite-Live. Hist. de Ro[...]
Vauban. La Dîme roya[...]
Vauvenargues. Choix [...]
Virgile. L'Enéide.......
— Bucoliques et Géorg[...]
Volney. Les Ruines. [...] Loi naturelle ....
Voltaire. Charles XII, [...] Siècle de Louis XIV, 4 [...] Histoire de Russie, 2 [...] Romans, 5 v.; Za[...] Mérope, 1 v.; Mah[...] Mort de César, 1 v[...] Henriade, 1 v.; [...] en vers et Satires, 1 [...] Traité sur la Toléran[...] 2 vol.; Correspond[...] avec le roi de Pruss[...]
Xénophon. Retraite [...] Dix Mille (Anabase) [...]
— La Cyropédie.......

Le vol. broché, 25 c.; relié, 45 c.; Fo, 10 c. en sus par vo[...]

Nota. — Le colis postal diminue beaucoup les frais de port [...] de 3 kil. contient jusqu'à 40 vol. brochés ou 34 reliés : 60 [...] gare; celui de 5 kil., 65 brochés ou 55 reliés : 80 c. en gare [...] de 10 kil., 130 brochés ou 110 reliés : 1 fr. 25 en gare.

Adresser les demandes affranchies à M. L. PFLUGER, éd[...] passage Montesquieu, r. Montesquieu, près le Palais-Royal, [...]

Dictionnaire de la Langue française usuelle, de 416 pa[...]
Prix, cartonné, 1 fr.; franco, 1 fr. 20.

www.ingramcontent.com/pod-product-compliance
Lightning Source LLC
LaVergne TN
LVHW010603110826

845149LV00003B/750
* 9 7 8 2 0 1 6 1 3 3 0 3 3 *